美国将军的摇篮

西点军校

王子安◎主编

汕頭大學出版社

图书在版编目（C I P）数据

美国将军的摇篮——西点军校 / 王子安主编. -- 汕头 : 汕头大学出版社, 2012.4（2024.1重印）
ISBN 978-7-5658-0714-5

Ⅰ. ①美… Ⅱ. ①王… Ⅲ. ①西点军校—概况 Ⅳ. ①E712.3

中国版本图书馆CIP数据核字(2012)第069305号

美国将军的摇篮——西点军校

主　　编：王子安
责任编辑：胡开祥
责任技编：黄东生
封面设计：君阅天下
出版发行：汕头大学出版社
　　　　　广东省汕头市汕头大学内　邮编：515063
电　　话：0754-82904613
印　　刷：河北浩润印刷有限公司
开　　本：710mm×1000mm　1/16
印　　张：11
字　　数：80千字
版　　次：2012年4月第1版
印　　次：2024年1月第2次印刷
定　　价：50.00元
ISBN 978-7-5658-0714-5

目　　录

探寻历史

走进神秘的西点军校 …… 3

西点军校校训 …… 15

领袖训练营 …… 19

西点的魔鬼训练 …… 22

西点的品格教育 …… 26

西点军校的名人名言 …… 33

西点第一任校长 …… 38

西点之父 …… 40

现代军事教育的奠基者 …… 44

政治风云人物

西点第一位军人总统 …… 51

二战统帅 …… 58

美国首位参谋长联席会议主席 …… 64

最早打开中美关系坚冰的政客 …… 73

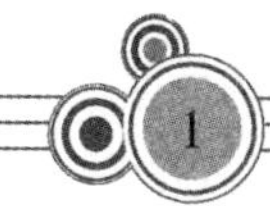

第一位黑人上将与国务卿 …… 77

美国将军的摇篮

神奇的巴顿将军 …… 83
败将英雄李将军 …… 87
削职为民的五星上将 …… 100
第二位格兰特将军 …… 111
现代空军之父 …… 114
“铁锤”将军 …… 120
陆军上将克拉克 …… 134

群星云集

军火大王亨利·杜邦 …… 145
原子弹研制的负责人 …… 151

文艺殿堂

世界侦探小说的始祖 …… 157
天才画家詹姆斯·惠斯勒 …… 165

探寻历史

走进神秘的西点军校

从纽约市曼哈顿跨过华盛顿大桥进入新泽西州后，驱车往北行一个小时，便会看到风景如画的哈德逊河谷西岸。这块“肘状”的三角岩石坡地，远远望去，有一大片用灰色花岗岩石头垒砌成的建筑楼群，其间镶嵌着几块大小不一的绿茵草坪和几尊栩栩如生的青铜雕像，时不时会出现一列列身着灰色制服或迷彩服、唱着军歌、迈着整齐步伐的队伍。这里就是闻名遐迩的美国西点军校。

西点军校一景

西点军校的正式名称是“美国陆军军官学校”，但由于校址位于纽约北部哈德逊河西岸的橙县西点镇，故又被称作“西点军校”或“西点”。美国西点军校是美国军队培养陆军初级军官的学校，是素有“美国将军的摇篮”之称的著名军事院校。依山傍水，地势险要，为美国陆军培养和造就了许多军事人才。

历史发展

在200多年前的1802年3月16日，这个美国历史上一个值得纪念的日子，美国第三任总统托马斯·杰斐逊正式签署了第七届国会第一次会议通过的关于建立一所陆军军官学校的议案。同年7月4日，美国陆军军官学校在哈得孙河畔、距纽约市约80公里的军事要塞西点正式宣布成立，从此美国终于有了自己的第一所职业军官学校。

西点军校全景

自从西点军校成立以来，美国经历了长达4年的南北独立战争、美墨战争以及其他无数次战争，西点军校也逐步成为培养美国军事指挥官的摇篮。

西点军校的历史，几乎与美国历史一样悠久。200多年来，它一共培养了5万名学员，其中包括2位总统、4位五星上将、4000多位将军，以及一大批杰出的政治家、企业家、工程学家、科学家、教育家和艺术家，等等。“责任、荣誉、国家”的校训，激励着一代又一代的西点人。

西点军校成立时，首批学员只有10人。可如今，西点军校拥有4000多名在校学生和550名教官，每年从军校毕业的学员超过900人。而且，经过近两个世纪的演变和发展，这所军校占地面积已从当年的1800英亩扩展到目前的16000英亩。

在最初的10年中，西点军校主要为部队培养工兵人才的学徒。1812年4月份，美国国会通过另一项法案，将西点军校确认为美国陆军培养军官的主要场所。1976年，妇女被允许进入学校学习。目前，西点军校学制为四年，学科包括工程学、兵役学、社会及自然科学以及人文科学。

历史的最低点

第二次世界大战后，随着空军的崛起和海军地位的提高，美国陆军的地位每况愈下。西点作为陆军初级军官学校，也不可避免地受到了较大影响。1954年，斯普林斯空军军官学校成立，这对西点是一个沉重的打击。二战以来人们普遍把空军视为最富有魅力、充满传奇色彩的军种，因此原本有意投考西点的优秀青年都转而投奔斯普林斯空军军官学校去了。在美国三所初级军官院校（另一所是安纳波利斯的海军军官学校）的竞争中，西点军校处于最不利的地位。更为糟糕的是，随着美军在朝鲜战场和越南战场上的失败，美国陆军声誉扫地，西点军校和西点人的形象也随之受到了极大损害。

1970 年 3 月 16 日，正在哈佛大学攻读政治学硕士的 1968 届毕业生路易丝·方特中尉拒绝去越南战场服役，并要求作为一名反对非正义战争的人士从军队体面地退伍。然而，更令西点的困境雪上加霜的是，此事发生后的第二天，西点军校校长塞缪尔·科斯特少将因涉嫌掩盖在越南犯下屠杀平民的罪行而被迫辞职。这两个事件几乎同时发生，在全美国引起了极大的轰动。1976 年春，西点军校又发生了有史以来最严重的考试作弊案，117 份考卷被提交到校荣誉委员会审查。至此，西点军校的声誉降到了历史最低点。

哈佛大学校园一景

针对这种状况，1977 年末，五角大楼提出一份长达 181 页的西点改革报告，对西点的管理、学员队制度、课程设置、荣誉制度等问题提出 152 条改革建议，它是进入 20 世纪 80 年代后建立新西点的纲领性文献。但真正具有革命性意义的改革还是 80 年代至 90 年代进行的以学员队制度改革为核心的一系列改革。

根据新制度，领导和被领导的对象不再仅局限于一、四年级的学员，而是涉及到所有四个年级的学员。3 个高年级学员均被赋予领导职能，并根据年级的不同授予不同的军衔，即四年级学员为军官，三年级学员为中士，二年级学员为下士。这一制度又被称为“四个年级学员制”，其目的是逐步地增强学员的责任感，使学员渐渐地适应经验、权力和责任之间的关系，锻炼其个人的创造性、纪律观和责任感。

兵家必争的西点

西点军校所在的西点镇曾是美国独立战争中一个重要的军事要塞，

哈德逊河一景

历来是兵家必争之地。因为哈德逊河在流经西点时程“S”状，且弯度很急，过往的大型船舶经此必须减速，来犯敌船则因减速而易受攻击。更主要的是河西岸的高地具有居高临下的控制作用，如果在此设立军事要塞，颇有“一夫当关，万夫莫开”之势。当时的大陆军司令乔治·华盛顿将军认为西点是美国最具战略价值的一块阵地，是“打开美国的一把钥匙”。因此，华盛顿在1778年邀请波兰人、曾参加过美国独立战争中扭转战局的萨拉托加战役的英雄萨丢斯·科什乌兹科上校来协助设计西点军事要塞。经过一番勘察，科什乌兹科在此建立了大小14个据点，控制河道和防御水陆两栖进攻。各据点彼此呼应，相互支援，形成一个合理有效的防御体系。英军若乘船来犯，则无异于自投罗网。即便在今天，其设计思路仍被认为具有现代意识。为了纪念这位波兰人，1828年西点军校还为其塑了像。如今，这位波兰人依然目光炯炯地俯视着那逶迤而去的哈德逊河。而华盛顿本人也曾在1779年把他的司令部搬至西点。实际上，西点要塞自1778年1月20日屯兵以来，是美国一直使用的军事设施，它也是西点军校的一个重要组成部分。

美国总统乔治华盛顿

校园及设施

西点校园及附属教学区位于哈得逊河上游的高山，依山伴水，绿树成荫，风景优美，总面积为16000公顷。一系列哥德式建筑风格的建筑

物从内向外被起伏的群山环抱。内圈为主要校园区，由教学大楼、学员区、运动场与活动中心等组成；外圈有冬季滑雪场、高尔夫球场、训练与野营区等。整个建筑群以学校的大运动场为中心展开，而校长的宿舍就座落在大运动场边上，象征着校长与学员的亲密关系。校长一般由三星级中将担任。

西点军校内的广场、道路、建筑物都是以美国历史上著名军事将领的名字命名的，如华盛顿大楼、塞耶大楼、格兰特大楼、艾森豪威尔大楼和雷兹广场等。

塞耶大楼内的计算机中心，是美国一流的计算机教学设施。学员营房、教室、实验室和各教学系办公室也都安装有计算机终端设备和微型计算机。

西点军校塞耶大楼计算机中心

教学区中心的西点军校图书馆，是美国第一个军队图书馆和第一个联邦图书馆。图书馆现有藏书 60 多万册，还拥有视听资料，包括近

8600 盘唱片、电视录相带、语言材料、文字、古典音乐和流行音乐磁带。

西点军校体育设施种类齐全，设备完善。它拥有两座大型综合体育场、一幢体育大楼和数个室内外游泳池、室外蓝球场、排球场、足球场、网球场、橄榄球场、曲棍球场、滑雪场、十八孔高尔夫球场和保龄球场。

严格的入学条件

进入西点军校接受系统教育，是许多美国青年梦寐以求的理想，也是许多人渴望升官发财的途径。据介绍，报考西点军校的学生必须向陆军部或自己所在选区的国会议员写信，说明他们为什么对西点军校感兴趣，军校根据陆军部或国会议员的推荐介绍择优录取。

令人神往的西点军校

凡报考西点军校的青年，条件必须是美国公民（除盟军学员外），年龄在 17 ~ 22 岁，身高 1.68 ~ 1.98 米，不论种族、肤色、宗教信仰和性别。报考生必须在当地高中学习成绩名列本班前茅，且身体健康，具有一定的组织领导才能，在参加考试的前一年还必须得到美国总统、副总统、参议员、众议员、州长、市长或部队主管的推荐。即使报考条件这样严格，但每年登记报考的人仍然在 10000 人左右，能得到推荐并能参加考试的约 6000 人。获得正式报考资格的青年，还必须参加并通过国家统一组

织的大学入学考试，经过一轮轮地考试和测验，剩余2000多人。然后，各军种学员入学资格评审委员会从德、智、体等方面全面衡量，择优录取，最后仅1400人有幸被录取。从1976年7月初起，按总统法令规定，西点军校首次开始招收女生，首批为119名，20世纪90年代增至800余人，占学员总数的1/6。

在西点军校招生的历史上，只有一种人可以享受直接进入西点军校的特权，他们是荣获总统颁发的最高军功奖章（国会荣誉勋章）的军官的子女们。自从美国开国以来，只有200多名军官和烈士荣获过美国总统颁发的国会荣誉勋章。

越南战争结束后，美国总统一直没有机会颁发这种荣誉勋章。直到1994年，两名美国军官在索马里的维和行动中以身殉职，克林顿总统这才颁发了两枚国会荣誉勋章。换言之，只要这两名烈士的子女同意，他们今后可以直接进入西点军校接受教育和军事熏陶。

全面、严格的学习与训练

西点军校教育的总目标是“使其毕业生能够对不断变化的科技、社会、政治和经济世界的不确定性进行预测并作出有效的反应”。西点军校校长丹尼尔·克利斯曼中将指出：西点始终致力于成为世界一流的培养领导者的学校。“在200多年的历史中，西点不断把那些立志从军、准备终生以身报国的有志者培养成为有品格的部队领导者”。

西点军校的学习和训练生活是非常紧张和艰苦的。学员们必须在四年时间内完成和通过31门主课和9门选修课，每天埋头苦读到午夜12点才能熄灯休息。每年夏天，学员们背起行装到西点北部的一个森林地带进行野外军事演习。他们练习各种武器的使用，在无边无际的森林里靠指南针和地图行进。他们在地上跌打滚爬，攀登悬崖峭壁，日夜风餐

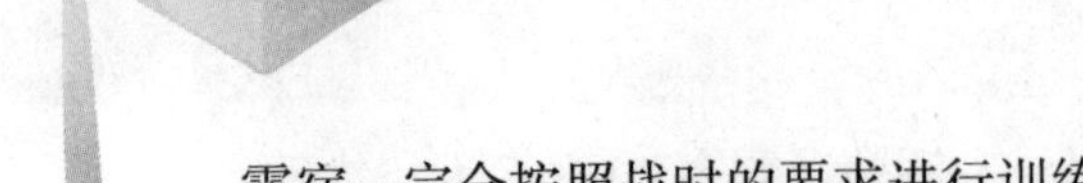

露宿，完全按照战时的要求进行训练。

西点军校训练队表演耍花枪

长期以来，西点军校一直是男子汉们一统天下，但在美国女权运动的抗议冲击下，它最后不得不向小女子们敞开胸怀。1976年，首批女学员在西点军校登堂入室，成为美国军事教育史上的一代骄子。西点军校目前大约有400多名女生，军校男女学员的比例大约是10：1。首批女生于1980年毕业后，目前已经走上领导岗位，他们中官衔最高的目前已到了旅长一级。

虽然这所军校有女学员和女厕所，但是没有独门独户的女生宿舍。原来，西点军校的男女学员都是两人一个房间。男女学员同住一个宿舍楼，同享一个楼道，他们之间唯一的“楚河汉界”是每两名女生的隔壁就是两名男生的房间，男生的隔壁又是女生房间。据说，交叉居住是为了让她们真正体验军校的传统和精神，使她们不感到特殊和孤立。

“不撒谎、不欺骗、不偷窃，也不容忍其他学员这样做”，这是西点军校学生必须遵守的清规戒律。如果学员违反军纪军容，校方通常惩罚他们身着军装，肩扛步枪，在校园内的一个院子内正步绕圈走，少则几个小时，多则几十个小时。西点军校每年招收1000多名新生，到毕业时大约有25%的学员不是因为学习跟不上半途而废，便是因为犯了错误被开除出校。

西点的淘汰制

录取入学后，并不意味着完全保险了，每个学员在考入西点前都要做好被淘汰的思想准备和相应的保证。其父母也应充分保证做好工作，不留后患。西点军校学员自入校之日起，就要进行严格的检验与筛选，实行优化与淘汰制。第一学年新生淘汰率为23%，最终能学完4年毕业的学员占入学总人数的70%左右，女生淘汰率更高。学员经过4年学习毕业后，获理科学士学位，授少尉军衔。学员毕业后，至少应在军队连续服役5年。在校期间，开支主要由国会拨款支付，每月可领取津贴。一年级学生每月70美元，到四年级每月可达200美元左右。

西点军校毕业照

西点的教学特点

西点军校四年制本科学员的课程共40门，必修课主要有数学、工程、英语、历史、社会科学、心理学与国家安全课题。选修课包括基础科学、应用科学、工程学、人文学、国家安全事务与公共事务等。各学科还分细目。教学中，西点重视采用新技术辅助教学，使军校的课堂教学达到优秀的高水平，尤其在教学技术方面更是实现了电教一体化。

“9·11”恐怖袭击事件发生后，学校适时增设和调整了部分专业和课程，其中包括反恐怖主义、网络恐怖主义、冲突解决、信息保障、国际法、法律制度比较、国际安全研究、核工程和化学工程等，同时引进了有关国际法和伊斯兰法律方面的专家和南亚问题专家。

西点的教学有两点值得一提，它对我们认识并借鉴其成功经验意义重大。一是“野兽营”。西点的第四任校长西尔韦纳斯·塞耶在任内15年中为西点创建了完善的教育训练制度，他把西点的准则、西点的气质、西点的信念传到了全国。其中最著名的做法是：在西点按照德、智、军、体的教学目标建立起了严格而单调的生活制度。而“野兽营”则成了新生入学教育阶段的过滤器，这一阶段淘汰率为15%之多。在“野兽营”中，精力旺盛的中高年级学员把捉弄新学员当作发泄的最好方法，中高年级学员可以随意对新学员进行身体上的惩罚、精神上的摧残和人格上的侮辱，以至很多人在心灵和肉体上留下了严重的创伤。直至麦克阿瑟当校长，这种情况才有所改变。然而，这种“野兽营”已经成为美军严格训练的传统，不但在西点，而且在全美军。所以麦克阿瑟所能做到的也只是使“野兽营”稍微温和一些罢了！二是模拟敌对状态。在西点，学员和战术教官之间还存在着一种模拟的敌对状态，这样有利于保持美国军人在战场上的紧张感。据说，某年，西点的学员们在学校里养仓鼠当宠物，这当然是西点教官们所不能容忍的，可在学员们的巧妙伪装和默契配合下，巡查的教官们只能找到仓鼠的毛爪子印！最后一名绰号叫“猫头鹰”的教官进行了彻底的搜查，虽然也是一无所获，但是他的敬业精神和他在搜查中展现的智慧得到了学员们的认可。

西点军校校训

在军校学员教堂——一座城堡式的高大建筑的门厅里，镌刻着“责任、荣誉、国家”6个大字，这便是西点军校的校训。它是西点精神的结晶，是西点军人引以为傲的座右铭。

责任，是西点军校对学员的基本要求。它要求所有的学员从入校的那天起，都要以服务的精神自觉自愿地去做那些应该做的事，都有义务、有责任履行自己的职责，而且在履行职责时，其出发点不应是为了获得奖赏或避免惩罚，而是出自于内心的责任感。正是西点军校多年来向其学员实施的这种责任感的教育，为学员毕业后忠实地履行报效祖国的职责和义务奠定了坚实的思想基础。

西点军校校训

荣誉，是西点军校对学员在道德行为方面的要求。军校从建校之日起，就着手制定了《荣誉准则》和《荣誉制度》，并专门成立了执行与监督机构——学员荣誉委员会，从而形成了西点军校独特的荣誉体系。荣誉准则的

基本内容是：“每个学员决不说谎、欺骗或者偷窃，也决不容忍此类行为者。”多年来，西点军校使学员始终生活在荣誉准则和荣誉制度的环境中，对形成学员诚实、自信、信任和相互尊重的良好的道德品格起到了极其重要的推动作用。

国家一词，旨在唤起一种为美国国家利益和民族理想服务的献身精神。这是军校培养学员的终极目标和最高要求，是西点军校办校基本方针的最本质体现。200 多年来，西点军人正是遵循这一校训，忠于国家、献身疆场、英勇顽强、前赴后继，为维护美国的国家利益忠实地履行职责，作出了巨大贡献。

“责任、荣誉、国家”，简短 6 个字的校训，成为西点军人做人的准则，也成为世人所称道的西点精神的结晶。这种重责任、重荣誉、重爱国主义教育的独到教育方针，后来也成为许多国家军校争相效法的办校宗旨。

西点军校的校训具体解释为：

◇对我们将要服务的人民、政府和社会要有十分清楚的认识；在工程学、自然科学和人文科学方面要得到均衡的发展；既要形成合理的知识结构，又要力争在自己感兴趣、有特长的学术领域内形成自己的专业特长。

◇强化知识更新，树立“终身受教育”的观念，已成为时代的呼唤。

◇“无知”——求知心切，永远把自己当作学生，问一些“傻”问题。

◇向别人学习，如果不比从书本上学习更重要的话，起码和那同等重要。

◇一定要充分利用生活中的闲暇时光，不要让任何一个发展自我的机会溜走。

◇每个学员不撒谎，不欺骗，不盗窃，也决不容忍其他人这样做。

◇个人要服从集体或更大的整体，服从部队，服从一个团队。

◇纪律和军容是我们比其他学校甚至部队要求更严格的地方。

◇最重要的是，在关键的时刻能够坚持原则。

◇恪尽职守的精神比个人的声望更重要。

◇世界上极需这种人才，他们在任何情况下都能克服种种阻力完成任务。

◇我们要做的是让纪律看守西点，而不是教官时刻监视学员。

◇“魔鬼”隐藏在细节中，永远不要忽视任何细节。

◇千万不要纵容自己，给自己找借口。

◇哪怕是对自己的一点小的克制，也会使人变得强而有力。

◇为了赢得胜利，也许你不得不干一些自己不想干的事。

◇学会忍受不公平，学会恪尽职责。

◇只要充分相信自己，没有什么困难可以足够持久。

◇等待比做事要难得多。

◇要有信心，把握住自己的未来。

◇不要沉沦，在任何环境中你都可以选择奋起。

◇有耐心的人无往而不利。

◇确信无法突破的时候，首先要选择的是等待。

◇如果你没有选择的话，那么就勇敢地迎上去。

◇责任、荣誉、国家！

◇以林肯为榜样，汲取他的生活经验和奋斗精神。

◇只要你不认输，就有机会！

◇要培养各方面的能力，包括承受悲惨命运的能力。

◇冲动，绝不是真正英雄的性格。

◇适应环境，而不是让环境适应你！

◇历经严酷的训练是完善自我的必由之路。

◇速度决定成败。

◇不要怕有疯狂的想法，只要你肯努力。

◇首先要建立起自信心。

◇胜利，是属于最坚韧的人。

◇要敢于战胜一切恐惧！

◇要感谢生活中的逆境和磨难！

◇主动锻炼自己，培养果决的性格。

◇要立即行动，不要拖延。

◇现实中的恐怖，远比不上想象中的恐怖那么可怕。

◇目标要明确，信念要坚定。

◇只有自己去做，才可能知道能否成功。

◇做一个真正勇敢无畏的人。

◇要战胜恐惧，而不是退缩。

◇失败者任其失败，成功者创造成功。

◇要敢于“硬干”，不要怀疑自己。

◇没有什么不可能——“没有办法”或“不可能”常常是庸人和懒人的托辞。

◇成功始于觉醒，心态决定命运！

◇任何个人，在危机来临时，都要想到打破常规。

◇要利用好经验，而不是受它们的束缚。

◇要敢于异想天开。

◇尽量多动脑，少出力。

◇要保持“头脑简单”，敢于去干所谓“办不到”的事情。

领袖训练营

领袖训练营有一套强有力的课程体系，涵盖了领导才能的方方面面。这套教学体系严格而完备，教战法、传商法、求心法，全球顶尖商学院再也找不到这样完备的训练课程，任何时代都无法磨灭。

西点领袖训练，不是训练天生具有特质的领导者，而是使每个具有潜力的学员都能成为领导者——“有品德的领导者”，正是西点训练营所要造就的商界领袖。

西点军校学员

西点领袖训练营第一课就是教导学员，必须要了解自己、战胜自己。要做到这两点，必须靠积极的心态去生活，摈弃消极的情绪。

领袖人物既需要天分，也需要后天努力。组织理论学家哈勃特·西蒙所说：“一个天生的领袖，其实是具有自然禀赋（聪明才智、活力和创造能力）的，但通过实践、学习和经验把这些自然禀赋发展为成熟的技巧。”玉不琢不成器，人不学不知义，同样的道理，领袖不经过良好的教育训练，即使有天资也会被埋没。

美国的西点军校为世人所知，是因为从这里走出了很多著名将领。

然而，人们却不知道，西点军校更是培养商界领袖的摇篮。美国现代管理学之父彼得·德鲁克以及通用电气前首席执行官杰克·韦尔奇曾被问及同一个问题：在培养领导者方面，谁做得最好？他们的答案既不是哈佛商学院、也不是通用电气，而是美国军队。

他们所指的美国军队，在很大程度上说的是西点军校的毕业生。二战以来，该校还为美国金融界造就了1000多名董事长、5000多名高级管理者。以此计算，西点军校堪称美国最优秀的“商学院”。

作为商界领袖，不管你有多么成功，都得对专业生涯的成长不断投注心力，如果不这么做，工作表现自然无法有所突破，终将陷入日复一日重复的陷阱里头。维系成功的唯一法门在于终生学习，在新的方向不断探寻、适应以及成长。不管你有多能干，千万不要自我膨胀到目中无人的地步，需开放心胸。西点学员杰克·沃特曼将军在他回忆录中说道：“只有两种选择，第一是终生学习并保持不败地位；第二则是成为老古董，并且被时代的洪流给抛在后头。”

美国有许多富豪愿意到西点军校来“训练”，目的不是成为军官，而是为了改造纨绔习气，煅炼吃苦耐劳的本领。校方也为适应这一需要，开设了一个“训练营”，训练期6个月，收费5万美元。被称为“金融大鳄”索罗斯的父亲于1971年自愿出10万美元，让索罗斯参加了这种训练营。

“金融大鳄”索罗斯

索罗斯的故事并非特例，世界杰出的商界领袖（30%学员）是由西点训练营毕业的。西点训练营使你比顶尖商学院学员强上百倍，相信你一定

比他们做的更好，有了不给自己预留退路的决心，始终坚信自己一定能够成功，充分发挥自己的聪明才智，即使有退路也不回头。我们才能克服种种困难，在事业上取得伟大的成就，成为人们景仰的人物。

西点军校能产生如此众多的商业人才，要归功于领导力、执行力和人格魅力这三大秘诀。

（1）领导力

在西点人看来，领导力的关键并不是让其他人简单地服从命令，而在于引导、激励部下，让他们跟你的思维、理念同步，跟随你为事业一起奋斗。西点军校领导力培训项目的托德·亨肖中校指出，一个好的领导人，要懂得如何保持团队的价值，并通过团队建设使之增值。

（2）执行力

执行力则意味着除非命令本身有问题，否则必须执行，没有任何借口。在西点，士兵在回答命令的时候，只能有 4 种答案：“是，长官”；“不，长官”；“不知道，长官”；“没有借口，长官”。

（3）人格魅力

人格魅力则是指人的美德，比如诚实。西点军校的荣誉信条是：“决不欺骗和偷盗，也决不容忍任何人的这种行为。”曾经有一个女兵违反规定去午睡，被发现后遭到重罚警告，但处罚并非因为她违反了规定，而是因为她睡了 30 分钟，可却说只睡了 15 分钟。

西点的魔鬼训练

西点军校能够获得这么高的荣誉，能够培养出如此众多的优秀军事人才，和它那近乎残酷的训练有很大关系。

新学员一入校，首先参观全校风光，体验强烈的荣誉观念和学校的传统精神。学员办理入学注册手续后，就开始进行6周的学员基础训练，又称为由老百姓变成军人的过渡训练，学员们则把它称为“野兽营”。训练充满严峻挑战、高度竞争和快节奏。

第一步是队列训练。各种步伐操练，天天都反反复复地做，人人都像机器人一样，穿同样服装，迈同一步伐，说的话只有简短有力的两句“YES SIR”和“NO SIR”。

西点军校学生严格的队列操练

第二步是严格的日常生活管理。每天早上6点，起床号一响，所有学员必须立即起床，出早操、整理内务，然后毕恭毕敬地立正，恭候高年级学员和教官的光临。从个人着装与仪表到宿舍卫生，都要做得完美无缺。接着就到4000人的大餐厅进餐。一声“开饭”口令过后，才能进食。用餐时，不许喧哗。用餐时间只有20分钟，时间一到就收餐。吃完早餐后，从7点半到12点全是上课时间，中间不休息。午餐、午休时间一共只有50分钟。下午要进行2小时的体育锻炼。晚饭后，休息50分钟就得上晚自习。所有学生必须到23点才能熄灯睡觉。每天夜间只能休息7小时，还常常搞夜间紧急集合。在这里，要小聪明、发脾气是绝对不允许的。这种强烈的快节奏生活，将伴随学员们度过4年。

西点军校学员用餐

第三步是野外训练。训练在西点后山的山谷村进行。这里有茂密的山林，有各种训练场和障碍物。在这里，新学员的淘汰率高达30%。有不少新学员因经受不起野营训练的艰苦而中途退学。在野营中，人人都身着伪装训练服和战斗靴，住在帐篷里，一举一动都充满着实战气氛。每天都是野外强行军。直到这时，学员们才真正体验到了西点军校的军事生活。

西点军校学员训练

基础训练对每一位新学员都是一次巨大的考验。对那些平常浪荡惯了的高中毕业生来说，这里简直就是监狱。除了军乐和国歌以外，这里没有别的音乐。没有啤酒，没有吉他，没有录像机，只有电视机，但必须在大厅里集体收看。一切都很苦，一切都很严，但每名通过基础训练的学员都无比自豪，因为他们明白“西点”本身就是强者的代名词，到这时候他们和历史上那些风云人物是同学了。

西点军校学员训练

从第二学年开始，学员们就必须接受各种军事训练：步兵巡逻、长途行军、轻武器射击、格斗、登山、潜水、工兵作业、野战通信、救护、野外生存、战地侦察等。夏季，学员还要到肯塔基的军事基地学习坦克作战和防空兵作战。防原子、防生化技能，也必须在第二学年掌握。

到了第三学年，训练生活趋于多样化。学员将进行历险性训练。历险性训练共有四项，学员可任选一项：

1. 到巴拿马进行热带丛林作战训练；

2. 到阿拉斯加北部进行野外滑雪作战训练；

3. 参加特种部队，进行突击作战和空降训练；

4. 到科罗拉多空军学校进行驾驶直升飞机和野外生存训练。

第四学年，学员成为高班生后，就成了西点学员队的小“头头”，可以显示一下领导才干。有的当管理4000名学员的“队长”，有的担任48名学员的排长，有的则当“参谋”军官。他们既要体验当指挥官的滋味，又要学会如何带兵。

经过4年的艰苦学习和训练，终于可以毕业了。学员们排着整齐的队伍，面对星条成庄严宣誓：珍惜校荣，为国效忠。在隆隆的礼炮声中，校长把一枚枚西点军校的校徽授予毕业生们。校徽上镌刻着一只目光炯炯的山鹰，一顶闪闪发亮的钢盔，一柄寒光逼人的短剑。还有一行醒目的大字，那就是闻名于世的西点校训——“国家·荣誉·责任”。

美国西点军校毕业典礼

此时，激动的学员们以传统的抛帽方式庆祝自己学业的完成，庆祝自己从此走上了辉煌的军旅生涯。

西点的品格教育

美国西点军校在培育领导力的过程中，特别强调领导者的“品格”教育。200 多年来，西点校训和使命把培育领导者的品格放在第一位，通过学术、军事和体能三位一体的严格训练，一点一滴地培育士官生的品格素质。

西点教官认为，人的个性特征受到天生的影响，但人的品格可以经过后天培养和训练得到提升。对于西点来讲，一个有品格的领袖要追求真理、评判是非，在行动中还要表现出勇气和承诺。品格不仅涉及伦理道德的最高准则，同时包含坚定、决断、自我约束和判断力。实际上，雷蒙·卡特尔早在 1954 年就首创了“领导力潜在素质”方程式。这一方程式是基于对军中领导人品格所作的研究得出的，包括情绪稳定、主导能力、勤勤恳恳、处事大胆、意志坚强和自制力。西点军校提倡培育以下几种品格：

美国西点军校学员们在训练

（1）勇气

勇气是军人的天职，是领军人物所应具备的最优秀品质之一。温斯顿·邱吉尔曾经说过：“人类最重要的美德就是勇气，因为它使其他的美德在遇到困难时不会退缩。”西点在讲授领导力课的时候，通常要播放美国影片“拯救大兵瑞恩”中美军诺曼底登陆时遭到德军激烈反抗的一段镜头——炮火齐鸣、子弹横飞、尸首遍地、血肉模糊。之后的讨论往往涉及以下问题：如果军校生面临这种局面，有没有勇气去参战，去冲锋？为了提高军校生的勇气，西点军校经常派人到伊拉克或阿富汗战场进行实战体验，并通过卫星把他们的体会传送回课堂。在军事和体能训练的设计中，军校生往往要参与许多高难度、高惊险的活动，以不断提高自己的勇气。

温斯顿·邱吉尔

（2）决策能力

在情况复杂、充满不确定性的状态下，保持清醒的头脑，做出迅速的决策和判断，是领军人物的重要品格。西点军校在领导力教学中，经常让士官生做战略决策的游戏，并在体能和军事训练中，把在困难的情况下提高团队决策能力，作为训练的主要目标。西点军校提高决策能力的重要方法之一，是通过播放美国历史题材

故事片，制造情境，让学员在复杂情境中做出决策选择。决策的基础是辨析，它依据于直觉与理性的思考。作为一个领军人物，必须在复杂的情况下，评估各种选择以获取最为有利的局势。决策能力不仅仅依靠直觉和大脑，它是动员你的胆识与头脑，来获取最佳判断，为你的组织寻求最大利益。

艾森豪威尔

（3）诚信、可靠度

曾担任过美国总统和西点军校校长的艾森豪威尔说过：一个人要想成为领袖，就必须要有跟从者；要有跟从者，领袖就必须赢得跟从者的信任。领袖的最高人格是拥有无可置疑的诚实正直品格。无论你是身处党派、橄榄球界、军队还是职场，如果人们发现领袖缺乏坦率、诚实、正直的品格，这位领袖只会面对失败结局。他的言行必须一致，一名领袖最需要的，是诚实正直的品格与远大的目标。

古希腊军事家色诺芬雕像

在西点，从军官到士官生，言必称“荣誉法则”：“军校学员不说谎、不欺骗、不偷窃，也不容忍有此恶行的人”。诚信、正直、讲真话，是每个学员必须遵守的原则和品格，是领导者取得追随者信任的重要素质。

西点军校在4年中，对士官生反复灌输诚信理念，在生活中、课堂上、宿舍里、训练场上，以及在与同学、家人的交往中，严格监督要求学生不说谎、不欺骗、讲真话、讲实话。

（4）坚韧不拔的意志

古希腊军事家色诺芬说："一个领导者必须以行动证明，在夏天能够忍受炎热，在冬天能够忍受寒冷；同时他还必须表明，他在困难的时候，至少能和下属们一样，也能忍受痛苦。"遇到困难挫折永不放弃，是西点人的一个重要品格。西点军校对士官生的学术、体能和军事等方面定的标准很高，要达到要求，士官生必须有坚韧不拔的意志和坚定不移的信念。如果在多次尝试之后仍然达不到学校标准，学生将被要求退学。在4年中，西点士官生达不到学校要求而退学的比例高达15%。

（5）理解士兵，换位思维

人们通常认为西点最大的闪光点就是"没有任何借口"，下级对上级指示绝对服从，要做到令行禁止。西点的教学中特别强调对士兵心理的理解的领导品格。领导力教学重点之一是要提高领导的情商，而在情商五要素中，情感换位能力又是领导力核心中的重点。情感换位的能力是能够对士兵的心理情感有准确的把握，而不要对其武断专横地发号施令。在培育领导者换位思维能力中，西点经常放的一部电影，描述了北部联邦军队张伯伦将军，在对待俘虏问题上的高度敏感性和情感换位能力，以至能够在南北军队决战时刻，用个人的魅力，把大批逃跑的俘虏吸引到自己的队伍中，共同参战，最终取得了战役决定性的胜利。

奥马尔·布莱德雷

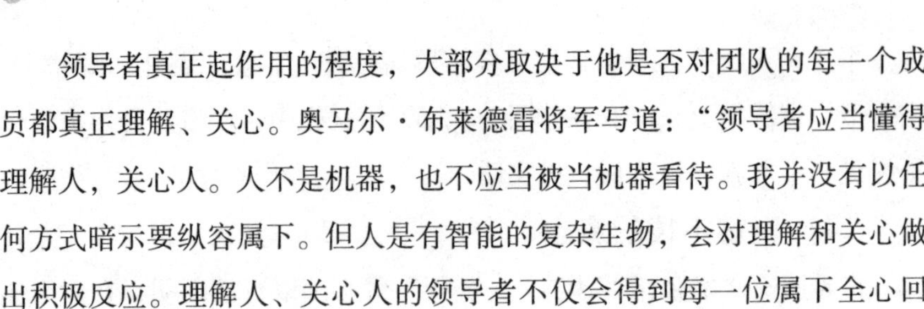

领导者真正起作用的程度，大部分取决于他是否对团队的每一个成员都真正理解、关心。奥马尔·布莱德雷将军写道：“领导者应当懂得理解人，关心人。人不是机器，也不应当被当机器看待。我并没有以任何方式暗示要纵容属下。但人是有智能的复杂生物，会对理解和关心做出积极反应。理解人、关心人的领导者不仅会得到每一位属下全心回报，还有他们的耿耿忠心。”

（6）专家知识

在西点的学术、体能和军事训练中，学术的比例占得最大，因为对于西点人来讲，丰富的专家知识是一个领军人物所应具备的最重要的品格。前西点军校校长戴夫·R.帕尔默将军在其回忆中写道，西点毕业后，我自愿到越南完成第一个军官任期，被分配到金兰湾海岸筑路的一个排里。一天下午，排里一名士兵在推平一段起伏不平的道路时，推土机陷入水稻灌溉渠，想尽办法也没把车从沟里开出来。我赶到现场仔细观察，最后我到驾驶室那里，让他试着把推土机的铲板升起到一个方向，转动一边的履带，然后发动另一边的履带。终于一点点爬了出来。后来排里的一名军士走近我，笑着说：“白磷！我颇为疑惑”，“什么？”他说：“白磷—西点！我知道你能做到。”在军队里，WP 是白磷（white phosphorus）大炮的缩写，这种

基辛格

大炮的炮弹是威力最大的爆炸物之一，燃起的白色大火无法扑灭。同时，WP 也是西点的缩写。的确如此，西点培养出来的军官有着丰富的专家知识，正是这种专家知识，使得他们拥有无上的权威。很多优秀的领袖都拥有丰富的专家知识。比如我们的周恩来总理，正是因为渊博的知识赢得众人的敬仰。基辛格曾评价周恩来总理是"杰出的历史人物，精通哲学，熟谙往事，长于历史分析，足智多谋，谈吐机智而又风趣，样样都卓越超群"。

（7）适应性

西点人提倡一种适应能力，对变化的形势能做出迅速的反应，同时在很短的时间内做出战略上、战术上和心理上的调整。适应性是西点军校所提倡的领导者品格。为了实现这个目标，西点除在体能和学术方面为学员提供培训之外，还经常把士官生送到不同国家去体验生活，熟悉当地文化。

（8）恢复力

由于军队的特殊性，不断的变化、超常的强度和压力，使领导者精力的恢复能力至关重要。能够在短时间内恢复精力是领导者的一种特殊品格，这种品格和平常训练很有关系，同时也涉及到本人的态度和自我控制的能力。最有成效的生活特点是有能力在迎接挑战的时候全方位投入，而且还要定期让自己退出以补充精力。

国内外历史上的教育无非是为了实现两大重要目标：学习知识，提高素质。说白了，也就是通常所讲的"教书"、"育人"。

重视品格教育早在亚里士多德的年代就开始提倡，亚里士多德说过，美德不能仅仅是教，还要通过表现美德的行为来形成习惯。当前我国企业精英带着自己的专业水准与心态走进世界舞台，也许硬件部分不比许多发达国家差，但在软件部分，在如何提高自己的品格和素质方

面，仍然存在着潜在危机。

西点军校的座右铭是“职责、国家、荣誉”，西点人的品格基石是：“不允许任何人说谎、欺骗和偷盗，如果你包庇一个说谎的人，你犯下的是同罪。”西点用领袖品格打造出精神力量大于个人利益的团队，要求他们以生命捍卫诚信。在中国经济日趋发展、教育文化不断繁荣、国际化进一步深入的今天，重视学生乃至政治家、企业家、科学家、社会活动家的品格教育，也显得尤为重要。正像联合国教科文组织总干事马约尔精辟的阐述：“我们留下一个什么样的世界给子孙后代，在很大程度上取决于我们给世界留下什么样的子孙后代。”

古希腊哲学家亚里士多德塑像

西点军校的名人名言

美国第37届总统理查德·尼克松：**商界不败**

美国第37届总统理查德·尼克松

乐观的人生是蓝色的，悲观的人生是灰色的，因此，西点被誉为蓝色海洋，因为它培养了一批批乐观向上、生命力强的人。他们崇拜自己的职业，尊重自己的选择，并且有一个必然成功的信念！因此，对他们来说，每次训练、每项任务都是有意义的、快乐的。

西点军人是美国的骄傲，如果公司中的每个员工都能像西点军人那样充满信仰，并且训练有素，就不用惧怕其他的商业公司的竞争了。

巴顿将军：**全力以赴**

“一个人的思想决定一个人的命运。”不敢向高难度的工作挑战，是对自己潜能的划地为牢，只能使自己无限的潜能化为有限的成就。与此同时，无知的认识会使你的天赋减弱，因为你的懦夫一样的所作所为，不配拥有这样的能力。

“要想做大事，首先要能够处理小事才行，而且全力以赴。”发挥自己的长处能够让你的技能益发精进，而且一天比一天好，这样的改善一点一滴地累积起来之后，最后你的专长将会出现非常明显的精进。你们所具备的长处可以协助你们突破表现上的瓶颈，保障自己的事业生涯，提升自己对于公司的价值，以及为更上一层楼的表现做好准备。

麦克·阿瑟将军

西点校长麦克·阿瑟将军：**只有第一**

“我们需要的是战场上的狮子，要知道由一头狮子带领的一群羊能够战胜由一只羊带领的一群狮子。”

福特公司创始人亨利·福特：**追求卓越**

福特公司创始人亨利·福特

“一个公司只有在它的追求与社会的追求一致的时候，即公司生存的根本是惠于顾客、惠于员工、惠于社会，它才能永远兴旺。”

西点军校约翰·科特上尉：**终生学习**

“勇敢面对挑战，并且大胆采取行动；然后坦然地面对自己，检讨这项行动之所以成功或失败的原因。你会从中吸取教训，然后继续向前迈进，这种终生学习的持续过程将是你在这个瞬息万变的环境中立足之本。”

劳恩钢铁公司总裁卡尔·劳恩：**无条件执行**

“军人的第一件事情就是学会服从，整体的巨大力量来自欲个体的服从精神。在公司中，我们更需要这种服从精神，上层的意识通过下属的服从很快会变成一股强大的执行力。”

国际电话电报公司总裁兰德·艾拉斯科：**超越自我**

“每一个管理者都是从底层做起的，世界上没有人天生就具有管理才能，可以掌管大局、处惊不乱。但卓越的管理才能可以通过训练获得。”

巴顿将军

西尔斯公司第三代管理者罗伯特·伍德：**善于合作**

“不论再强大的士兵都无法战胜敌人的围剿，但我们联合起来就可以战胜一切困难，就像行军蚁（美洲的一种食人蚂蚁）一样把阻挡在眼前的一切障碍消灭掉。”

东方航空公司总裁法兰克·波曼：**团队精神**

“英雄后面是一大堆支持他的勇士，世界上从来就没有‘孤独英雄’，我们能够驰骋战场，因为我们身后是伟大的祖国。”

美国军火大亨杜邦公司创始人亨利·杜邦：**敢于冒险**

“危险是什么？危险就是让弱者逃跑的恶梦，危险也是让勇者前进的号角。对于军人来说，冒险是一种最大的美德。”

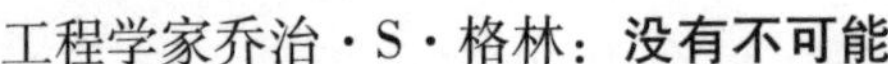

工程学家乔治·S·格林：**没有不可能**

不可能只存在于你的心中，只要你能超越自己的心理极限，你会发现做什么事情都会游刃有余。正是这一点成就了百年西点。”

四星上将乔治·巴顿：**永不放弃**

去攻击你的目标，永远不要撤退，至少要下定决心不要撤退。因为战争只有三个原则：大胆！大胆！大胆！

IDG 首席顾问彼得·W·泰勒：**运筹帷幄**

将军和士兵的最大的区别就是：将军要运筹帷幄、掌握军队甚至民族的命运，而士兵是机械地服从、坚决执行命令。

艾森豪威尔：**立即行动**

“一个行动胜过一打计划”，只有在行动中，我们才会感觉到生命的悸动，才能让生命具有价值，才可以得到衣食住行的保障，才可以变得智慧、勇敢、坚毅和高尚起来。

美国前总统罗斯福：**理念至上**

美国前总统罗斯福

在这整整一个世纪中，我们国家其他的任何学校都没有像西点这样，在我们民族最大公民的光荣史册上写下了如此众多的名字。

伟大的罗文上校：**没有任何借口**

西点学员中，有很多人都是“没有任何借口”这一理念最完美的执行者和诠释者。就是秉持着“没有任何借口”这

一行为准则，成功把信送给加西亚将军。

西点将军布莱德雷：**工作无借口**

习惯性拖延的人常常也是制造诸多借口与托辞的专家。如果你存心拖延、逃避，你自己就会找出成千上万个理由来辩解为什么不能够把事情完成。

西点前校长潘莫：**细节决定成败**

最聪明的人设计出来的最伟大的计划，执行的时候还是必须从小处着手，整个计划的成败就取决于这些细节。

美林 & 埃德加投资公司总裁埃德加·爱伦·坡：**火一般的精神**

热忱是一种力量，它可以融化一切；热忱源自内心，它不是虚伪的表象。热忱使人充满了魅力和感染力。在一个积极有力的人面前，纵然是坚冰也不再冷漠。

西点第一任校长、著名政治家、科学家乔纳森·威廉斯：**不断提升自己**

不管你有多么伟大，你依然需要提升自己，如果你停滞在现有的水平上，事实上你是在倒退。

西点第一任校长

美国成立后不久，由于缺乏大批训练有素的军官，美国大陆军在与英国正规军的阵地攻防战中屡屡败下阵来。身为大陆军总司令的华盛顿颇伤脑筋，他多次呼吁大陆会议组建军官学校，但均未能引起重视。战争结束后，华盛顿总统及其继任人约翰·亚当斯都力主建立一所军官学校，并初步选定军事要塞西点为校址。这一主张遭到以杰斐逊为首的共和党人的反对，结果只是在西点的工兵和炮兵团里开设一个学员培训班。有趣的是，正是这位反对建立军校和常备兵的共和党领导人，在当选总统后，极力促成国会通过了建立西点军校的法案。

约翰·亚当斯

首任校长乔纳森·威廉斯少校是名科学家，他的叔叔是大名鼎鼎的美国资产阶级启蒙思想家和政治活动家、闻名世界的《独立宣言》和美利坚合众国宪法的起草人之一——本杰明·富兰克林。威廉斯没有任何军事经历，但却是精通数学和工程学的外交家，因受到杰斐逊总统的青睐而被任命为西点校长。

作为一名科学家，威廉斯首先开设了数学和自然与实验哲学这两门课。1803 年威廉斯又增设了法语课和军事艺术课，这使西点军校一开始就建立在正确的学术基础之上。

西点军校首任校长乔纳森·威廉斯

威廉斯身兼西点校长和工兵司令两个职务，并且一干就是 10 年。由于个人经历的影响，他非常钟情于法国的军事理论，因此他开设的课程强调数学、物理、工程学和法语。

最初，学校只有 7 名军官，10 名学员。教学条件简陋，学员素质不高，教官队伍不整。

但威廉斯非常重视教职员队伍建设，招聘了一大批才能卓越的教员任教。但由于当时是处于探索性阶段，办校经验不足，再加上缺少系统教材和设备，开设的课程未形成体系，既无完整的教学计划，也无健全的管理模式，致使他在任期间政绩平平，未培养出任何杰出人才。

西点之父

西尔韦纳斯·塞耶，1808 年毕业于西点。1817 年 7 月就任西点军校第四任校长。塞耶是受第二任校长威夫特的推荐出任西点校长的。

詹姆斯就任总统后不久，来到西点视察，教职员工们联名上书总统，罗列出帕特里奇的桩桩劣迹。詹姆斯总统大发雷霆，要求法庭进行调查，又下令调西尔韦纳斯·塞耶到西点任职，以整顿西点。塞耶少校就是在这样的情况下来到西点的。

西点军校学员在行军

塞耶对西点的形势感到震惊。他发现学员们酗酒、赌博，吊儿郎当地混日子，许多人还负债累累。到校后的第一天，他立即释放了被帕特里奇关起来的工作人员，并和他们共同拟定计划，大张旗鼓地开始了对西点的整顿。

塞耶接管西点军校之初，学员们的水平参差不齐。申请入学的人只要会“读、写、算”，即可通过考试，而这差不多也就是美国普通男孩的知识水平。可以说，那时的西点充其量不过是所中学。西点不采用四

年制教育，学员们同在一年级上课，军队何时需要尉官，学员们就何时毕业并走马上任。塞耶决心改变这种状况。他以“没有培养前途”为由，开除了几个学员，然后着手制定了一系列详细的规章制度。

塞耶规定，西点军校只招收高中毕业生，这些人必须遵守纪律、坚定果敢并忠于职守。学员不得结婚，在校期间不准看小说，甚至连看报也必须经过特许。塞耶将学员分成不同的年级，根据不同的水平分别授课，并开始试行没有监督的考试制度，学员们在考试中自觉遵守考场制度，不偷看、不交谈，违反规定的被开除学籍。

塞耶加快了斯威夫特开始的改革进程，大大拓宽了课程设置，增设了哲学、历史、语法、地理和绘图等课程，创建了“荣誉制度”，建立了严格的过失惩罚制度。明确了办学方针和原则，制定了以土木工程技术为主的四年制教育计划；建立了完整的教学体制，首创了将学员分为

西点军校校园一景

十几个人一班的小班教学方法，根据学习成绩评定学员的名次；创建了著名的荣誉制度，强调学员靠自我约束遵守纪律；重新设立了学员队司令的职务等等。他对西点的改革以及他的治学思想，对西点的未来产生了决定性的影响。在他的努力下，西点成了美国最好的工程技术学校，在此后的很多年里，西点在美国社会中的地位达到了顶峰。

西尔韦纳斯·塞耶的雕像，今日西点的真正缔造者

西点军校的传统就是在塞耶任校长期间成形的，这种别具一格的西点传统，人们称之为“塞耶体系”。该体系主要包括西点军校所实施的纪律、塑造品格所采用的模式、使用的教学方法和所开设的课程等。塞耶的改革使军校很快走上正轨，使西点成为一个纪律严明、秩序井然的标

准军事院校。到1820年时，西点军校成为了美国最重要的军事教育机构。

塞耶为了搞好西点的改革，曾亲赴欧洲留学两年，潜心研究欧洲军情，特别是军官学校的运转情况，熟悉了法国警察的训练方法，掌握了法国梅兹军校的办学经验。同时，他还购买了1000多卷的军事和技术书籍，从而创立了当时最先进的军事图书馆。

塞耶任西点校长达16年（1817年—1833年）之久，是历任校长中任职时间最长的一位。塞耶的改革大大改变了西点军校的面貌，使它逐步走上正轨，并开始崭露头角。美国各地的年轻人纷纷慕名而来，执意要在塞耶手下学习。

鉴于塞耶对西点所作出的突出贡献，以及他的办学思想对西点未来产生的决定性影响，他被誉为“西点之父”。为纪念他的丰功伟绩，后人在西点校园的“大厅”前为他竖起一尊铜像，上面醒目地刻着“西点之父”几个大字。

现代军事教育的奠基者

道格拉斯·麦克阿瑟，1903 年毕业于西点军校，西点军校的历任校长，现代军事教育的奠基者。

1899 年 6 月 7 日，19 岁的道格拉斯·麦克阿瑟以第一名的入学成绩考入培养美国陆军军官的名府——西点军校。

军校的学习和训练紧张而繁忙，但这是为成功和胜利所作的准备。而西点有一个与学习无关的传统，就是高年级学生对低年级学生的羞辱。麦克阿瑟经历了残忍的体罚，他被强迫作数小时的单杠、下蹲、俯卧撑等练习，但却默不作声，第二天忍着浑身酸痛和往常一样坚持训练。后来，虐待丑闻被人揭发，麦金利总统下令调查此事。麦克阿瑟面对询问，回答：“我所受的侮辱，不比其他新学员受辱的事件更严重，也不能说他们有意伤害我。我也没有因此而感身体不适。”麦克阿瑟的证词赢得了西点同学的爱戴和校方的好感。

在西点军校时年轻的麦克阿瑟

第一学期期末，麦克阿瑟成绩名列榜首，此后 3 年其成绩仍在排行榜居高不下，最终以总分 9814 分的成绩毕业。这一分数几乎成为空前

绝后、无人问津的最高纪录。其领导才能也渐露锋芒，至四年级已升至全学员队队长和第一上尉。在西点百年史上，只有 3 人获此殊荣。

1903 年 6 月 11 日，麦克阿瑟以全班第一名和第一上尉身份毕业，然后被委任为工程技术兵团少尉。

1904 年 4 月 23 日，麦克阿瑟晋升为中尉。1905 年—1906 年，在远东作为副官追随其父。1907 年，任美国西奥多·罗斯福总统的军事副官。1911 年 2 月 27 日，晋升为上尉。1914 年，被部队派遣到墨西哥的韦拉克鲁斯。

1917 年 4 月，一战后期，美参、众两院通过威尔逊总统的对德宣战决议，并很快组建了潘兴任总司令的美国欧洲远征军，麦克阿瑟以第 42 师参谋长身份开进法国南部，领导它命名的彩虹师立下赫赫战功，先后出任过参谋长，84 步兵旅旅长和 42 师师长。1918 年，6 月 26 日，晋升为准将。

1918 年 12 月在法国城堡中的麦克阿瑟准将

1919 年，麦克阿瑟回国，被任命为美国西点军校校长。

1919 年 6 月，第一次世界大战结束后，麦克阿瑟带着“重振军校”的使命来到西点就任校长。他首先着手恢复军校的传统，放宽了某些规定，减少对新学员的体罚，并建立起一种评比制度，重振了学员的士气；增加了体育课程，并在教育计划中把体育锻炼提高到与科学文化、军事训练同等重要的地位；为扩大学员知识面，增加了空气动力学、内燃机原理和世界地理、国际关系、海外作战等课程，

并增大了外语教学和人文社会科学课程的比重；鼓励教官们进修研究生课程，让学术委员会到其他院校参观等。他所倡导的“西点军事教育实践应着眼于军事技术和装备的现代化”治校新观点，后来被称为“麦克阿瑟的军事教育现代观”。

麦克阿瑟在西点军校大刀阔斧的改革，使得一战期间变成了军事短训班的西点重获新生，并开始了现代军事教育。但西点并未给他带来好运，昙花一现的麦克阿瑟在西点坠入情网并结婚，而麦克阿瑟的母亲反对他们的婚事，从而拒绝参加婚礼，并搬出军校，独自住在旅馆里。麦克阿瑟的这段婚姻也在5年后以失败告终。婚后不久，由于观点不同，麦克阿瑟被新任陆军部长潘兴解除了校长职务。

1922年6月，麦克阿瑟忍痛离开了为之奋斗3年的西点军校。

他在西点任职3年，不仅继承了“塞耶思想体系”的基本原则，而且大大开阔了美国军事教育事业的视野，使美国军事教育实践由面向国内问题转向面向全世界，使西点进入了历史上承前启后的重要时期。麦克阿瑟本人也被誉为“现代军事教育的奠基者”。

1922年，麦克阿瑟赴菲律宾任马尼拉军区和23旅的指挥官。1925年1月17日，晋升为少将（正规军），后返回美国任军长。

1944年，麦克阿瑟实现了自己离开科雷吉多尔时的誓言，率领美军重新在菲律宾登陆

1928年，麦克阿瑟率领美国队参加在荷兰阿姆斯特丹举行的奥运会，然后返回马尼拉任菲律宾

地区总指挥。1930 年 10 月，任第九军团指挥官。1930 年 11 月 1 日，出任美国陆军参谋长。1935 年，出任菲律宾共和国政府的军事顾问。1937 年 4 月，与琼妮·费尔克洛思结婚。1937 年 12 月 31 日，从美国陆军退役，出任菲律宾陆军元帅。

1941 年 7 月 26 日，麦克阿瑟重新返回美国，以少将军衔负责 USAFFE 计划，即美国在远东的军队部署。7 月 27 日，晋升为陆军中尉。1941 年 12 月 18 日，晋升为上将。1942 年 2 月 22 日，由于太平洋战争中美国防御的失败，美国总统富兰克林·德拉诺·罗斯福命令麦克阿瑟撤离菲律宾。

1945 年 9 月，麦克阿瑟被任命为驻日盟军最高司令。1950 年 7 月 8 日，出任朝鲜战争中联合国军队总司令。

1950 年 7 月 31 日，麦克阿瑟访问台湾，并与蒋介石达成同美国与台湾外交关系。1950 年 9 月 15 日，在仁川战役中，虽然他没有亲临指挥，不过是由他策划的。

指挥仁川登陆的麦克阿瑟

1951 年 4 月 11 日，麦克阿瑟因公开指责白宫政策后，被哈里·杜鲁门解除一切军职。4 月 19 日，在国会会议之前的告别演说中，发表了题为《老兵永不死》的著名演讲。

“我即将结束五十二年的军旅生涯。我从军是在本世纪开始之前，而这是我童年的希望与梦想的实现。自从我在西点军校的教练场上宣誓以来，这个世界已经过多次变化，而我的希望与梦

想早已消逝，但我仍记着当时最流行的一首军歌词，极为自豪地宣示‘老兵永不死，只是渐凋零’（Old soldiers never die, they just fade away）。”

1962 年 5 月 2 日，82 岁的麦克阿瑟应邀回到西点军校，接受军校最令人羡慕的奖品——西尔韦纳斯·塞耶勋章，检阅学员队，并发表一生中的最后一次演说。

1964 年 4 月 5 日，这位勇猛无畏的军事天才停止了呼吸。

政 治 风 云 人 物

西点第一位军人总统

尤利塞斯·辛普森·格兰特，美国的第18位总统（1869—1876年），美国历史上第一位从美国西点军校毕业的军人总统。他在美国南北战争中屡建奇功，有“常胜将军”之称。

1822年4月27日，格兰特出生于美国俄亥俄州，是六个孩子中的老大，父亲杰西·鲁特·格兰特经营皮革业和小农场，在当地是一个头面人物。母亲汉娜·辛普森是位农场主的女儿。格兰特的名字是家人用抓阄的方式起的。尤利塞斯是《奥德塞》中大英雄奥德修斯的名字。

尤利塞斯·辛普森·格兰特

说起格兰特的名字还有一段故事，他原本叫尤利塞斯·海勒姆·格兰特，在他17岁的时候，其父亲找到了国会议员哈默，请他推荐自己的儿子到西点军校上学。不知老格兰特是怎么想的，以现在的眼光看，格兰特无论如何也不适合去从军。虽然，年幼的格兰特身上已经初显了西部拓荒人的品格，他勤奋坚忍，10来岁的时候就帮助父母开荒、收庄稼。但他沉静温和，见到动物的血就恶心，可是上军校就是选择在血淋淋的战场上穿梭；他不喜欢射击和打猎，在这个刚开发的西部地区是不多见的。最主要的原因是，他本人不想去上军校，在老父的执意坚持下，格兰特同意去军校，哈默议员也答应了老格兰特的请求，但他根本记不清格兰特的全名，根据惯例，他将母亲的名字放在了中间，于是海勒姆就变成了辛普森。由于尤利塞斯·辛普森（Ulysses Simpson）的缩写是美国（U. S.）的简称，所以同学们都叫他"山姆大叔"或"山姆"，格兰特也坦然接受了这个新名字。

罗伯特·李

格兰特毕业后被派往了密苏里，随着1846年美墨战争的爆发，格兰特第一次有了实战经验，他表现勇敢并晋升为中尉。

1848年，格兰特与朱莉亚结婚，生有三子一女，但与妻子两地分居。1853年，格兰特晋升为上尉。但格兰特比较儿女情长，整日纵酒消解忧愁，弄得酩酊大醉，最后被上司勒令辞职。

在军营呆了15年的格兰特解甲归田，经营着老丈人赠与的80英亩土地，他在这个小农场里盖了个简易木屋，就权当自己的家了，并把农场起名为"艰苦挣扎"，他仍然没有摆脱在部队时期的消沉状态，继续酗酒。在农场经营失败后，于1858年将农场卖掉，来到圣路易斯，和亲戚合伙经营房地产。那时的美国西部正处于快速的开发时期，大量的人口涌入西部，但

格兰特经营的房地产亏了本，在走投无路之际，38 岁的格兰特携妻带子投奔了父亲，在父亲的制鞋店聊以谋生。

南北战争爆发后，格兰特义无反顾地参加义勇军，参加了对南方农奴主叛乱的讨伐战争，率领子弟兵保卫自己的家乡。当他升为伊利诺伊 21 步兵团上校时，他就从一个普通的士兵变成一个优秀的指挥官。这是一个纪律松弛的志愿团，他很快地把这个团训练成纪律严明的、能征善战的部队。在后来短短的 4 年当中，他从上校升为中将，担任联邦军总司令。林肯在 1864 年 3 月任命他为最主要的将军。

39 美国南北战争时期铁甲舰

1864 年 5 月 4 日，格兰特指挥 10 万大军，穿越地形复杂的荒原，向罗伯特·李发动了攻势。罗伯特·李派朱巴尔将军率一部人马绕道袭击格兰特侧翼，格兰特一面应战，一面改变阵势，但他的庞大兵团在稠密的丛林里调度有些困难。双方激战两天，互有胜负，打成平局。格兰特知道，他面对的是和约翰斯顿或彭伯顿大不相同的将军，罗伯特·李也发现，波托马克兵团已得到了堪当其任的统帅。6 月 1 日，北军全线出击，被李击退。两军在这里对峙了十天，没有任何进展。阵线之间尸体遍地，由于天气炎热开始腐败，受重伤的士兵躺在那里只有渴死、饿死、失血而死。最后，北军发动了一次最勇猛的攻击，他们在跳出堑壕冲向敌人之前，各自在背部用针别上一张纸条，写明自己姓名和籍贯，以供死后认尸。结果，南军阵线被打开缺口，罗伯特·李指挥部队开始

撤退。

格兰特在一个月内，把战线向敌方推进了近100英里。但这时，伤亡已达6万人，罗伯特·李也损失了3万人。北方新兵不断补充进波托马克兵团，罗伯特·李却没有兵员补充，他开始收缩阵线，由内线溜进彼得斯堡内，及时挖好了堑壕。格兰特连续发起三次总攻，都被南军击退，双方又形成对峙局面，长达9个月。

但到了1865年3月中旬，格兰特兵力已达11万人，而罗伯特·李只有5万人。如果罗伯特·李不及时撤退，就可能被彻底包围，全军覆没，但如果他放弃彼得斯堡，里士满就会立即陷入重围。罗伯特·李试图先攻打北军左翼，打破对彼得斯堡的围困，但遭到惨重失败。这时，谢里登指挥的北军从谢南多亚河谷出击，横扫弗古尼亚，又成功地击退了罗伯特·李的右翼。4月2日，格兰特突破了南军的中部防线，罗伯特·李唯一的希望就是向西撤退与约翰斯顿会合了。

4月2日夜，罗伯特·李的军队悄悄撤出彼得斯堡。格兰特于4月3日进入里士满，接着马不停蹄地追击罗伯特·李。谢里登及时堵住了南军向南逃窜的通路。4月9日，谢里登又挥师占领了向西的唯一通路，罗伯特·李无路可走了。罗伯特·李下令竖起一面白旗，请求与对手会谈。在阿波马托

美国内战绘画作品

克斯法院小村一所房子里，两位美国内战中最伟大的将军见面了。罗伯特·李穿上了全新的军装，挎着镶嵌宝石的指挥刀；格兰特穿着士兵服，纽扣没有扣上，也没有带指挥刀。他亲手写下了投降条件，双方签字。会谈结束后，罗伯特·李在门口停留了片刻，眺望门外到处飘扬着是星条旗的一片田野。他一手握拳，缓慢地在他那只戴着长手套的掌心里击了三下，骑上他的战马离开了。

历时 4 年的美国内战，终于以北方的彻底胜利而告结束。

后来，格兰特凭借自己的军威，在 1868 年当选总统。并于 1872 年连任。尽管格兰特能征善战，但并不等同善于理政，格兰特的平平政绩与他的赫赫战功成为明显对照。特别是在第二次总统任期内，他对南方奴隶主妥协让步以及对贪污腐化的属员采取姑息纵容态度，引起了选民的普遍不满，在竞选中落选。

1877 年，格兰特离开白宫后，曾一度陷入无家可归的境地。于是，格兰特夫妇决定四海为家。他们花了 3 年多的时间，游遍了英格兰、比利时、德国、瑞士、意大利、丹麦、法国、埃及、巴勒斯坦、挪威、俄罗斯、印度、暹罗、中国和日本。

凭借美国前总统的名声，格兰特在各国受到礼若上宾的招待，在历时两年半的旅游中，他把美国的声威传播到全世界。

回国途中，格兰特在给朋友的信中说：我没有一个家，但我回去后必须建立一个家，我实在不知道到哪里去安家。

回到美国，格兰特首先需要一个职位，以博取些进项。格兰特曾把目光转向商界，但历史证明这是一个错误的选择。他当上了墨西哥南方铁路公司的董事长，靠名望募集到一些修建铁路的资金，但好景不长，1884 年墨西哥南方铁路公司告破产。格兰特只得离开墨西哥南方铁路公司。

经济窘迫使格兰特总统不得不接受曾经傲慢地拒绝过的写回忆录的

营生，他给《世纪》杂志提供稿件，每篇500美元，他先后写了关于夏伊洛之战和维克斯堡之战的两篇文章，得到了1000美元稿酬。

身为韦伯斯出版公司董事的著名作家马克·吐温建议格兰特撰写回忆录，并表示愿意支付20%的版税，且预付2.5万美元。这在很大程度上帮助了格兰特。

1884年格兰特正写作之时，被检查出患有喉癌，医生们认为是他在战争期间养成的每天抽20支雪茄导致。格兰特面临死亡威胁，更重要的是，如果死去，妻子将失去生活来源。这迫使这位前军队总司令、两届总统不得不夜以继日的书写回忆录。终于在他去世前4天，两卷本回忆录完成了，这简直是一项壮举。

有学者认为，《回忆录》从个人的角度详细描述了墨西哥战争和美国内战，具有突出的文学价值。

1885年6月23日，格兰特因病离开人世。

尤利塞斯·辛普森·格兰特公墓

回忆录的销售大获成功。到 1885 年 5 月，共计 6 万部双卷合集被订购一空。就在发行当日，代理商共推销出 20 万册。到 1886 年初，格兰特的回忆录在全美的销量已达 32 万 5 千册。

1886 年，查尔斯·韦伯斯特交给格兰特的遗孀朱莉娅·格兰特一张 20 万美元的支票。最终，通过销售个人《回忆录》，这个家庭得到了介于 42 万美元和 45 万美元之间的财富。

二战统帅

德怀特·戴维·艾森豪威尔（1890—1969 年），美国五星上将，美国第 34 位总统。

艾森豪威尔的祖先是德国移民，他们原先居住在欧洲莱茵兰地区，属于宗教异端门诺教派。为了摆脱教派的排挤，艾森豪威尔一家迁入瑞士，1741 年又迁往北美宾夕法尼亚。他们都是一些普通的劳动者，精力充沛，刚毅顽强，在美国西部过着颠沛流离的生活。艾森豪威尔的祖父雅科布·艾森豪威尔生于 1862 年，在宾夕法尼亚州的伊丽莎白维尔担任教派首领的职务。这个教派名叫“河上兄弟”。内战结束后，随着铁路线不断向大平原延伸，西部向人们发出了召唤。1878 年雅科布也被络绎不绝蜂拥而去的移民所吸引，带着全家离开了原先居住的地方，随着众教徒前往遥远的堪萨斯，定居在斯奠基希尔河的南岸、迪金森区肥沃的土地上。

德怀特·戴维·艾森豪威尔

艾森豪威尔的父亲戴维这时正好 14 岁，但他厌恶这种没完没了的犁地、锄草的农活，他唯一感兴趣的是修理机器。在他的强烈要求下，于1883年秋季进入兰恩大学，时年20岁。但在他毕业前的1885年9月23日就与同学艾达·斯多佛结了婚。

1890年10月14日，德怀特·戴维·艾森豪威尔诞生在美国西部得克萨斯州的丹尼森，在堪萨斯州的阿比伦长大。1900年7月开始在阿比伦小学读书。1904年夏至1909年5月在阿比伦中学读书。

1911年，艾森豪威尔考取美国海军学院，却因超龄而未被录取，后经该州参议员推荐，考入美国西点军校，并1911年6月进入西点军校学习。

艾森豪威尔进入西点军校时，身高5英尺10.5英寸，是最魁梧的年轻人之一，他被编进高身材的士官生才能进入的干训队。

艾森豪威尔初入西点，一切都不习惯。他对这座最高军事学府的观感也是好坏参半。他最不满意的是高年级学员对低年级学员的戏弄和污辱。给艾森豪威尔留下另一个深刻印象的就是礼仪传统，参加正式学员行列，军人的天职。当艾森豪威尔宣誓效忠祖国，成为美国陆军一分子时，他感到“美利坚合众国”这几个字有了新的涵义，自那时起他将为自己的祖国服务。

艾森豪威尔将军与他的“艾克”茄克

西点军校崇尚过去的历史，为了对学生进行爱军爱校的教育，学校建立了由西点毕业的名将纪念室。艾森豪威尔参观过这些名将的纪念室和坟墓之后深受感动，特别是格兰特将军的事迹让他十分感动，他决心以格兰特为榜样，刻苦锻炼，严格要求自己。

1915 年 6 月 12 日，艾森豪威尔从西点军校毕业并获得美军尉官军衔。他在军队的前途并不特别乐观，因为学习结果所得的评价并不高，受重伤的膝盖也不见好转。艾森豪威尔怀着“要干一番事业”的雄心离开了军校，但最后被派到堪萨斯州的休斯敦萨姆堡。1915 年 9 月中旬，艾森豪威尔来到了这个熟悉的西部草原——他的出生地，在这里他渡过了一段愉快的日子，并在当地的学校兼任橄榄球教练。

1916 年，美国和墨西哥在边境上发生了军事冲突，艾森豪威尔申请参加约翰·潘兴将军率领的远征军，但遭拒绝。相反，陆军部把他派到国民警卫队在边境流动的一个团去担任训练工作，后来又调去一个新成立的陆军正规部队的一个团任军需官，后晋升为中尉。

艾森豪威尔

1916 年 7 月 1 日，艾森豪威尔在丹佛市与玛丽·吉尼瓦·杜德（玛咪）结婚。1917 年 12 月，调到堪萨斯的利文沃思堡去训练暂编少尉军官。1918 年 2 月参加第 65 工兵大队，1918 年 10 月 14 日晋升为暂编中校（临时任命）。1919 年秋，艾森豪威尔协助巴顿筹建步兵坦克学校，他们在那里既是学生也是教官，两人还分别指挥一个坦克营。艾森豪威尔和巴顿成为了“莫逆之交”。

1921 年，艾森豪威尔从陆军坦克学校毕业，1922 年调任驻巴拿马的第 20 步兵旅参谋。旅长福克斯·康纳将军认为他很有发展前途，遂不惜时间和精力加以培养。1923 年，经过康纳的帮助，艾森豪威尔进入陆军指挥与参谋学校学习。1926 年，艾森豪威尔以第一名的成绩毕业，后又经康纳介绍而赴法国进行战场考

察。1927 至 1928 年，艾森豪威尔在陆军军事学院深造。

1929 年 11 月，艾森豪威尔赴陆军部助理部长办公室任助理，主要任务是负责制订下一场战争中美国工业人员的动员计划，还负责其他专题研究工作。

1933 年，艾森豪威尔在陆军参谋长麦克阿瑟办公室任助理，经常为麦克阿瑟起草演讲稿和信件，到国会游说，并帮助和准备参谋长的年度报告。

1935 年 10 月，艾森豪威尔担任美国驻菲律宾军事顾问团麦克阿瑟的高级助理。1936 年，艾森蒙威尔晋升为中校。1939 年 12 月，艾森豪威尔由菲律宾回美国。临行前受到麦克阿瑟和菲律宾总统奎松的表彰，赞扬他是“有非凡的才能，广博的知识，以及具有吸引力的领导”。

1940 年 2 月，艾森豪威尔调到驻加利福尼亚的第三师第 15 步兵团任副团长，11 月升任第三师参谋长。1941 年 3 月，又升任第 9 军参谋长，晋升为上校。

麦克阿瑟与奎松

1941 年 6 月，马歇尔参谋长任命艾森豪威尔为第三集团军参谋长，就在 25 年前开始任少尉的地方晋升为准将。在集团军参谋长任内，艾森豪威尔成功地组织实施了大规模军事演习，受到陆军参谋长马歇尔的重视。

1941 年 12 月，艾森豪威尔调任陆军参谋部作战计划部副部长。1942 年 2 月，升任作战计划部部长。就在 2 月，马歇尔将作战计划部改组为美国陆军的最高指挥机构——作战部，并于 3 月任命艾森豪威尔为作战部部长。此后不久，艾森豪威尔即晋升为少将。

自 1942 年 3 月起，艾森豪威尔奉马歇尔之命拟制欧洲盟军联合作战计划。7 月，艾森豪威尔晋升为中将。1942 年 8 月，艾森豪威尔被任命为实施北非登陆的盟军最高司令。1943 年 2 月，艾森豪威尔获得了当时的最高上将军衔。

马歇尔

1943 年 11 月，艾森豪威尔在德黑兰会议会后被任命为指挥“霸王”行动的盟军最高司令。

1944 年 9 月 12 日，艾森豪威尔晋升为五星上将。

在二战中，艾森豪威尔的主要活动就是组织、协调并指挥盟军作战。艾森豪威尔以其良好的军人素质、丰富的理论知识、高超

哥伦比亚大学

的指挥艺术而获得成功。德国投降之后，艾森豪威尔出任美国驻德国占领军司令。1945 年 12 月，艾森豪威尔出任美国陆军参谋长。

1948 年，艾森豪威尔退出现役，出任哥伦比亚大学校长。1950 年，艾森豪威尔出任北约组织欧洲盟军最高司令。1953—1961 年，艾森豪威尔连任两届美国总统。为了使白宫办公厅成为有效的总统行政机构，艾森豪威尔仿参谋长制度而设办公厅主任。艾森豪威尔在任内被迫签订朝鲜停战协定，但继续奉行冷战政策，并先后提出艾森豪威尔主义、大规模报复战略和战争边缘政策。

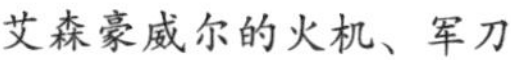
艾森豪威尔的火机、军刀

1969 年 3 月 28 日，艾森豪威尔在华盛顿病逝，终年 79 岁。

美国首位参谋长联席会议主席

奥马尔·纳尔逊·布莱德雷，美国著名军事家、统帅，5 位陆军五星上将之一，被人称为“士兵将军”。美国首位参谋长联席会议主席。艾森豪威尔曾在《榴弹炮》年鉴上这样介绍他的同学奥马尔·布莱德雷将军，“布雷德利最重要的特点就是‘誓获成功’，不达目的决不罢休。”

1893 年 2 月 12 日，布莱德雷出生在美国密苏里州中部的伦道县克拉克村的农夫家里。祖上从不列颠群岛移居美国肯塔基州麦迪逊县，后定居于此，世代务农，家境贫寒。

1905 年，布莱德雷举家迁入希比镇。1908 年，父亲病逝。布莱德雷随母亲迁往莫伯利镇，进入莫伯利高中读书，并结识玛丽·伊丽莎白。

7 岁的布莱德雷与父母合影

1910 年 5 月，布莱德雷高中毕业，成绩优异，数学成绩尤佳。因家境贫寒，布莱德雷毕业后当了一名铁路机修工。1911 年，布莱德雷考入西点军校。1915 年 6 月从西点军校毕业，分配到步兵第十四团服役，驻洛基山脉的乔治·赖特堡，任少尉。1916 年 9 月，布莱德雷随第 14 步兵团移防亚利桑那州的尤马，后晋升为中尉。

1915 年夏，布莱德雷与未婚妻玛丽·奎尔

1916 年 12 月 28 日，布莱德雷与玛丽·奎尔结婚，夫妻恩爱，生有一女，名伊丽莎白。

布莱德雷没能参加一战，是他一生一大憾事。1917 年 5 月，他随第 14 步兵团调防华盛顿州的温哥华兵营，任该团军需连长。1918 年 8 月晋升为临时少校。

1920 年 9 月，布莱德雷调任西点军校数学系教官，1924 年升任西点军校数学系副教授，1924 年秋进入本宁堡步兵学校深造，1925 年从本宁堡步兵学校结业，后到夏威夷第 27 步兵团任第 1 营营长。

1929 年，布雷德利重返本宁堡步兵学校任教官。在此期间，他结识了马歇尔，并得到其赏识。

1933 年秋，布莱德雷进入国防大学深造。1934 年调入西点军校任战术系教官，1936 年 7 月晋升为中校。1938 年进入陆军参谋部人事部工作，

次年调任陆军参谋长马歇尔的助理秘书。

1939年7月，马歇尔就任陆军参谋长，将布莱德雷调入参谋长办公室。1941年2月，布莱德雷调任本宁堡步兵学校校长兼驻地指挥官，负责组建坦克部队和空降部队，并从中校晋升为临时准将。

1942年2月调任第82师师长，晋升为少将（临时），驻路易斯安那州的克莱博恩兵营。1942年6月调任第28师师长，驻路易斯安那州的利文斯顿。

1943年2月，马歇尔将军将他派往北非，任地中海战区盟军总司令艾森豪威尔的战场私人代表。几个星期以后，布莱德雷成为巴顿将军指挥的第2军的副军长；4月，当巴顿将军受命制定西西里战役计划时，他接替巴顿将军任第2军军长。他治军的方法是靠耐心说服，而不是靠强迫命令。他鼓励参谋人员和下级军官开动脑筋，独立解决问题。在他的指挥下，第二军一改往日纪律散漫、斗志低下的状况，成为一支战斗力很强的队伍。

此时正是突尼斯战役的关键时刻，布莱德雷将第二军部署在40英里长的战线上。他下达给各师长的任务是总的攻击目标，完成任务的具体方法和步骤则由各师长自己决定，但布莱德雷仍同他们保持密切联系，时刻关注战场动向。由于布莱德雷的有力指挥，第二军取得重大胜利，共俘获敌军4万人，其中包括一些将领。布莱德雷随之晋升为中将。

奥弥·纳尔逊·布莱德雷

北非战事结束后，他率第2军加

入巴顿的第7集团军在西西里登陆作战。1943年9月，他被挑选担任进攻西北欧的美国第一集团军司令兼一个美国集团军群司令部的参谋长。参与制定“霸王”行动计划。10月在英国布里斯托尔开设第1集团军司令部，并参与制订诺曼底登陆计划。

在第二次世界大战中，与美国其他将领相比，布莱德虽然名声不太显赫，但却有着鲜明的个性和特色。他沉稳坚定、划周密、彬彬有礼、尊上爱下的儒将风度，不仅深得艾森豪威尔和马歇尔的信任，也深得部属和士兵的拥戴。艾森豪威尔说他是“我们高级军官中做事最周到，考虑问题最全面的军官。他受到英国人和美国人的同样尊敬”。

布莱德雷之所以能够像马歇尔、艾森豪威尔、麦克阿瑟、阿诺德一样获得美国最高军衔，是因为在第二次世界大战中，他参与制订和成功地实施了一些有名的作战计划，为打败希特勒作出了积极的贡献。其中，又以“眼镜蛇”计划、“伐木工”计划、“布雷德利”计划更为出色。

“眼镜蛇”计划，就是1944年6月盟军诺曼底登陆成功后，为打破与德军僵持局面的战役行动。盟军在取得诺曼底登陆战役胜利后，由于战线太长、兵力分散，进展缓慢。这对整个战局非常不利。为推动战局的发展，布莱德雷向盟军最高统帅部提出了一个新的作战计划，即代号为“眼镜蛇”的计划。

布莱德雷对“眼镜蛇”计划的每一个细节都进行了仔细的斟酌和推敲，以保万无一失。该计划的企图是：美军从圣洛以西地段上向南实施主要突击，经咽喉要地阿弗朗什，占领布列塔尼半岛及其各重要港口，而后以主力挥师东进，向塞纳河进攻，占领法国西北部。“眼镜蛇”计划的发起进攻时间最初定于7月19日，因天气原因，该计划被迫推后两天。7月25日，盟军集中了4个集团军共39个师的兵力（坦

克4000辆，飞机500多架），对德军防线发起了进攻。攻击前，用2000架重型轰炸机进行了航空火力准备，盟军的轰炸机遮天蔽日，脚下山摇地动。飞机轰炸一结束，美第7军首先实施突破，布莱德雷随之将第一集团军15个师的兵力全部投入战斗。炸弹把德军阵地夷为平地，火炮、车辆被埋入地下，坦克变成一堆堆废铁，通信线路被炸断，德军完全失去指挥，战线一片混乱。至7月27日，美军突破德军防线战术纵深15～20公里，德军开始撤退。到7月31日，美第1集团军向南推进60公里。至此，“眼镜蛇”计划取得成功。“眼镜蛇”计划的胜利，打破了两军的相持局面，使战局向着有利于盟军的方向发展。这也标志着欧洲大陆之战的第一阶段结束，新的阶段即将开始。紧接着“眼镜蛇”计划结束，盟军于8月6日挥师东进，展开了大规模的陆上进攻。8月25日，解放了法国。从1944年6月6日诺曼底登陆到8月底，盟军取得了一系列的胜利，沉重地打击了德军。德军有3个元帅和一个集团军司令被革职或离职，有1个集团军司令、3个军长、15个师长被打死或被俘，共损失人员40万，坦克1300辆，飞机3500架。这些战绩的取得，布雷德利功不可没。

1944年8月1日，布莱德雷任第12集团军群司令，下辖第1集团军、第3集团军。

1944年8月25日，布莱德雷率部进入巴黎，参加当地的庆祝解放阅兵式。1944年冬，布莱德雷率第十二集团军成功地击败了德军在阿登高原的反击，突破西格费里德防线。

1945年初，盟军经过数月苦战，终于陈兵莱茵河西。在东渡莱茵河的一系列问题上，盟军高级将领之间一直存在分歧。布莱德雷感到，这样争论不休下去，势必贻误战机，让德军组织防御赢得时间。2月份，布莱德雷同霍奇斯、巴格经过详尽商讨，拟制出一个代号为“伐木工”的战役作战计划。

“伐木工”计划，是为突破莱茵河而实施的重要战役行动。该计划以霍奇斯和巴顿的两个集团军从当前地域分两路向莱茵河发起进攻，歼灭摩泽河以北和莱茵河以西科隆—科布伦茨—特里尔这一三角地带的全部德军。3 月 1 日，“伐木工”计划经艾森豪威尔口头批准后，于3 月 3 日开始付诸实施。霍奇斯的第 1 集团军担当主攻，第 7 军在攻占科隆之后，沿莱茵河西岸南下直取波恩。第 3 军向东南方向推进，也直扑波恩。巴顿指挥的第 3 集团军向东北发起进攻后，于 3 月 9 日抵达莱茵河，其左翼一部与第 1 集团军会合。

美丽的莱茵河

在布莱德雷的精心组织下，他们以 2 个集团军 5 个军的兵力，按预定计划向前推进，很快突破了德军的防线。德军起初还准备抵抗，但很快就被打得溃不成军，四处逃窜。至 3 月 7 日，美军在仅仅 4 天的时间内，就到达科隆至科布伦茨之间的莱茵河沿岸，并经德军未来得及炸毁的鲁登道夫铁路大桥顺利地渡过了莱茵河。至此，“伐木工”计划取得了圆满成功，完全达到目的。经过这次战役，德军的士气更加低落，军心更加动摇。

“布莱德雷”计划，是最后打败纳粹德国的战役作战计划。这个计划是在莱茵贝格会议上，主要由艾森豪威尔和布莱德雷提出的，故称“布莱德雷”计划。这个计划的基本出发点是：以最快的速度和最小的代价，一举全歼法西斯德国的武装力量，夺取在欧洲战场上的决定性胜利。该计划的主要内容是：美第9、第1集团军以南北夹击之势，围歼德军于鲁尔地区后，在帕德博恩—卡赛尔地区会师。此后，布雷德利将指挥第1、第2和第9集团军，从卡塞尔地区发动大规模进攻，穿过德国中部，直抵易北河畔，与苏军隔岸相对；蒙哥马利部掩护北翼，向北挺进，过易北河，直抵丹麦边境；德弗斯掩护南翼，向东南推进，直抵奥地利。

多瑙河风光

1945年3月28日，布莱德雷指挥实施该项作战计划。4月1日，

美军攻下帕德博恩，对鲁尔区的德军18个师，32.5万人达成合围。鲁尔集团被合围后，德军西部防线已基本瓦解。为了加强中央方向的突击力量，美第9集团军于4月4日转隶第12集团军群。这是美军历史上最大的集团军群，兵力约130万。4月6日，布莱德雷下令该部挥戈东进，从卡塞尔到易北河，长驱120英里，各集团军陆续到达指定目标。到4月13日，德军易北河防线被全线突破。接着，布莱德雷准备实施第二阶段作战计划，阻止德军向阿尔卑斯山和挪威方向逃窜。他命令巴顿率部继续向东南推进，直抵林茨、多瑙河，掩护巴顿右翼的德弗斯部穿过纽伦堡和慕尼黑向东挺进。

4月15日，盟军对德军发起最后总攻。为靠前指挥，布莱德雷把集团军群司令部由卢森堡迁到德国的威斯巴登。4月18日，被围德军约32万人，在走投无路的情况下，不战而降，西线德军总指挥沃尔特·莫德尔元帅见大势已去，跑进树林，开枪自杀。4月25日，布莱德雷率部与苏军在易北河畔的托尔高胜利会师。5月7日，纳粹德国宣布无条件投降。

奥马尔·纳尔逊·布莱德雷

为褒奖布莱德雷在第二次世界大战中的卓越功绩，他荣获苏联一级苏沃洛夫勋章一枚，一级库图佐夫勋章一枚。

1945年6月7日，杜鲁门

总统宣布任命布莱德雷为退伍军人管理局局长。1947 年 4 月，经艾森豪威尔推荐，布莱德雷晋升为正式四星上将。

1948 年 2 月 7 日，布莱德雷接替艾森豪威尔任陆军参谋长。1949 年 8 月 12 日任美国第一参谋长联席会议主席，不久任北大西洋公约组织军事委员会主席。

1950 年 2 月末，布莱德雷将军飞往东京，与麦克阿瑟就远东紧急事态的防御计划进行了磋商。

在 1950 年 6 月朝鲜战争中，布莱德雷参与制定了侵朝战略。1950 年 9 月被授予陆军五星上将军衔。1953 年退出现役。

在妻子玛丽病逝后，1966 年 12 月，布莱德雷与好莱坞剧作家基蒂·比勒结婚。

1973 年，布莱德雷出任布洛瓦钟表公司董事长。1981 年 4 月 8 日，布莱德雷在华盛顿与世长辞，享年 88 岁。

最早打开中美关系坚冰的政客

亚历山大·黑格，欧洲盟军最高司令，1981—1982 年期间在里根政府中出任国务卿。在 1988 年谋求竞选总统失败后，逐渐淡出美国政坛，转而进入商界大展身手。

1947 年，黑格将军毕业于西点军校，后在美国军队中服役。

黑格将军在 20 世纪 50 年代和 60 年代先后参加过朝鲜战争和越南战争，担任少尉。曾在欧洲担任爱德华·M·阿尔蒙德中将的副官。

亚历山大·黑格

1962—1965 年，黑格将军在五角大楼任职，1966—1967 年在越南战争中任陆军指挥官，并被授予著名的十字勋章。

1969 年，黑格将军担任总统国家安全事务助理——亨利·基辛格博士的高级军事顾问，之后成为总统助理副官。1972 年晋升为上将，在白宫任职的 4 年间，曾作为总统私人特使就越南停火及交还战俘问题进行谈判。此外，他还协助筹划了具有重要历史意义的尼克松总统访华。

黑格将军第一次以美国政府官员身份与中国领导人打交道是在1972年1月，当时他奉命率先遣队前往北京，为尼克松访华作准备。抵京的第一天，他在参加完欢迎宴会，又起草了给华盛顿的电报后，已是晚上11：30。正准备就寝时，他接到电话，被告知周恩来总理请他到人民大会堂见面。那一晚，周总理同他单独交谈了将近3个小时。尽管按照官阶，黑格比周总理低好几级，但是周总理同他平等交换看法。黑格在访华前阅读过周总理同基辛格的谈话记录，对周总理已有所了解，但在这次面对面的会见中，他仍然被周总理的雄辩和风度所折服。“在我此前的生活经历中，还没有感受过这样强大的人格力量的震撼。”黑格将军后来回忆说。

谈到当时的中美关系，黑格将军认为，当时美中关系遇到了一些挫折，不必大惊小怪。一方面，自1972年恢复外交接触以来，美中关系一直是起起伏伏的，尤其是台湾问题始终是笼罩在两国关系上空的一片阴云。另一方面，美国每4年选一次总统，由于两党政治的影响，共和党总统总是想改变民主党总统的政策。所以，在新政府上台后的几个月内，对华政策发生摇摆是常见的现象。“据我的观察，美中关系出现的磨擦多数是由美国方面的行动引起的，如：向台湾出售大批的F—16战斗机、允许李登辉访问康奈尔大学、轰炸中国驻南联盟大使馆等等。”同时，冷战结束改变了两极世界的格局，出现了

亚历山大黑格（右）

多极化。这不可避免会造成某些政策混乱，以及需要重新进行政策评估。在这个大背景下，所谓“打中国牌”的主张又浮上台面。

黑格认为，在苏联解体后，美国国内的保守主义者认为需要寻找一个意识形态敌人，所以，他们煽动反对中国。不幸的是，他们大都对中国事务和中国历史缺乏了解。中国的实力确实在增强，但数千年的中国历史证明，中国不是一个扩张主义的国家，从未寻求霸权。研究战略的人往往重视别人的军事能力，并据此制订自己的战略计划。但是，那种只看对方军事实力，不看对方动机的战略评估是片面的。“据我多年与中国交往的经验，中国人民是喜欢美国人民的，并且愿意向美国学习，尤其是在经贸和科技方面。中国人民现在最关心的是稳定与经济发展。”

黑格说，如果回头看，美中两国开始关系正常化进程时，双方的分歧比现在可要严重得多。但是通过耐心的外交和领导人的政治家风度，双方妥善地处理了分歧，于 1972 年发表了上海公报。这个公报标志双方为了改善关系，可以在一些发生冲突的利益和义务方面达成妥协。

黑格将军曾任陆军副参谋长，后被尼克松总统任命为白宫办公厅主任，自此结束了他长达 26 年的军旅生涯。

1981 年 8 月 17 日，黑格（右）与总统里根在一起。

1974 年 10 月，黑格将军被福特总统任命为美国欧洲司令部总司令，两个月后又被任命为欧洲联合部队最高司令官，全面负责北约事物，1979 年辞职并退役。之后，黑格被选为联合技术有限公司主席，进入董事会。1981 年 1 月，宣誓就职担任美国第 59 届国务卿。

黑格将军是近几十年里美国许多内政和外交重大事件的参与者，也是最早参与打开中美关系坚冰的美国政治家。

在他获得的众多奖章中，有国防部奖章、银星勋章、飞行员十字勋章、紫心勋章，以及来自比利时、联邦德国、摩洛哥、法国、意大利、卢森堡、荷兰、葡萄牙等国的奖章。

黑格将军还曾任环球联合公司的董事长，广泛联系世界各地的同行，通过提供全球政治、经济、商业、安全等方面的战略性建议支持援助其他公司。他是每周播放的电视节目“世界商业评论”的节目主持人，也是Compuserve公司、米高梅影片公司、Interneuron制药公司的董事会成员，还是创办美国在线公司的董事之一。

黑格将军曾出版两部专著：《论现实主义、里根与对外政策》（1984）及自传《美国如何改变了世界》（1992）。

第一位黑人上将与国务卿

科林·卢瑟·鲍威尔，原美国国务卿、前参谋长联席会议主席、将军、黑人、共和党人。美国第一位黑人将军，第一位黑人国务卿。性格坚毅，做事深思熟虑，然后行必果，行必速。

1937年4月5日，鲍威尔出生于美国纽约哈莱姆区的一个黑人家庭，父母是牙买加移民，父亲是码头的搬运工，母亲是缝纫工。童年的鲍威尔家庭非常贫困，但艰苦磨难并没有阻碍鲍威尔的奋发成功。

科林·卢瑟·鲍威尔

鲍威尔在南布朗克斯长大，从小聪明好学，意志坚强。1958年夏，鲍威尔毕业于纽约市立学院，获地理学学士学位。他在校学习的同时，在西点军校参加了后备军官训练队，毕业时作为“优秀军训毕业生”被授予正规军陆军少尉军衔。在完成了步兵军官基础训练后，鲍威尔被派到德国，并晋升为中尉。之后，他先后被派到马萨诸塞州的登文斯港、肯塔基州的坎贝尔港、堪萨斯州的莱文沃思港和科罗拉多州的卡森港。

1962年8月25日，鲍威尔与阿尔玛·维维安·约翰逊结婚，并育

有一子两女。

1962 年至 1963 年、1968 年至 1969 年，鲍威尔两次被派到越南参加越战。

鲍威尔

1969 年从越南战场上回国后，鲍威尔进入乔治·华盛顿大学，1971 年毕业并获商业管理硕士学位，毕业后他被分配到五角大楼助理参谋长帮办办公室任职。

1973 年至 1974 年，鲍威尔任驻韩国美军大队司令，后被任命为第 101 空降师，第 2 旅旅长兼美驻德国陆军第 5 团团长。1977 年至 1980 年任国防部副部长高级军事助理，正式进入了美国军队的最高领导层。1978 年晋升为准将。

科林·卢瑟·鲍威尔

1983 年至 1986 年，鲍威尔任国防部长高级军事助理。1987 年 12 月至 1989 年 1 月任里根总统的国家安全顾问。1989 年被布什总统任命为任参谋长联席会议主席，晋升四星上将，时年 52 岁。10 月 1 日鲍威尔就任第 12 任美国参谋长联席会议主席，他是美国历史上第一位任该职的黑人，也是最年轻的参谋长联席会议主席。

1993 年 9 月 30 日退役，并辞去参谋长联席会议主席的职务。

2000 年 12 月 16 日，美国当选总统小乔治·布什提名他为国务卿。2001 年 1 月 20 日参议院批准了该项任命，鲍威尔同日就任美国第 65 任国务卿，成为美国历史上第一位担任该职的黑人。

对于外交事务，鲍威尔拥有自己的方式和特点。在以态度强硬、作风凌厉著称的小布什政府中，鲍威尔是核心人物中唯一的一位温和派人物，通常被人们视为比较典型的“鸽派”人物。鲍威尔曾表示，自己是一名战士，研究战争，但战争决不应被看作是不可避免的，要尽一切可能去避免战争，“和为贵”是他信奉的宗旨，因此，他被称为“鹰爪鸽”。

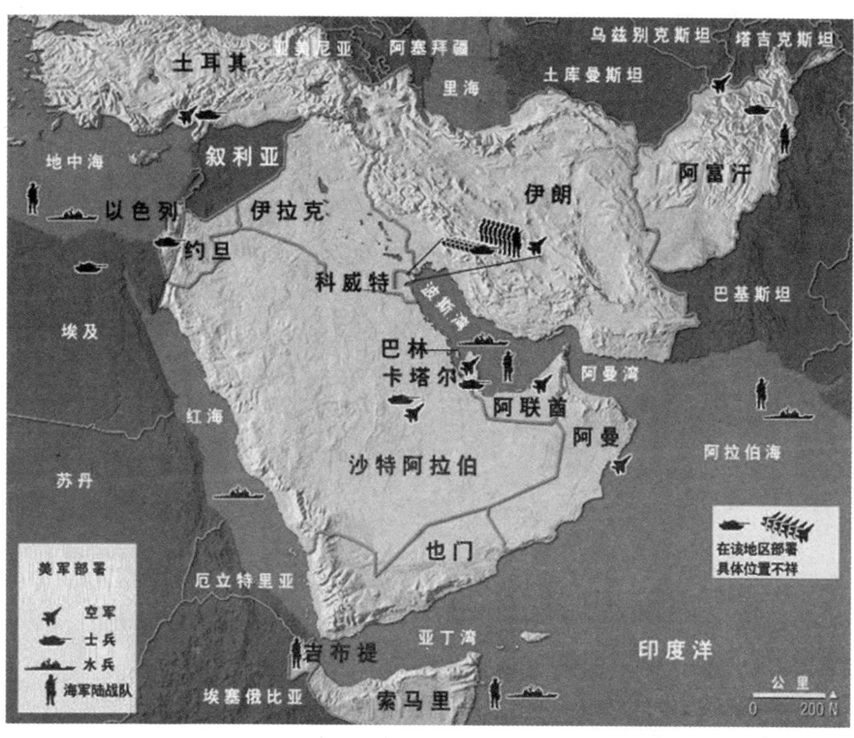

海湾战争美军兵力部署

1991 年海湾战争期间，鲍威尔与前线指挥官史瓦兹科普夫密切合作，使美国为首的西方联军大获全胜，迫使伊拉克军队撤出科威特。同年 4 月 11 日，由于在海湾战乎中的“卓越贡献”，美国国会授予他美国的最高荣誉奖——金质勋章。他还获陆军杰出服务奖、国防最高服务奖、铜星勋章、紫心勋章等军队方面的奖励。曾两获总统自由勋章、总统市民奖章、能源部杰出服务奖等奖励。1993 年还获英国女王授予的荣誉爵士爵位。

美国将军的摇蓝

神奇的巴顿将军

小乔治·史密斯·巴顿出生于加利福尼亚州南部的圣加布里埃尔，父亲乔治·史密斯·巴顿巴顿（1856 年 9 月 30 日—1927 年 6 月）是一名地方检察官，1877 年毕业于维吉尼亚军校，曾担任加利福尼亚州圣马力诺首任市长，之后继承了威尔逊事业，生活富裕。母亲露斯·威尔逊，外公本杰明·威尔逊是帕萨迪纳市大地主、洛杉矶首任市长，也是加利福尼亚州最大的葡萄酒和白兰地酒制造商。

巴顿将军

巴顿崇拜联盟国将领托马斯·杰克逊（即大名鼎鼎的“石墙”杰克逊）将军，家族的多位成员都曾在杰克逊麾下任职。这些人作战勇敢、指挥有方、充满自信、战绩赫赫，成为巴顿效法的楷模。巴顿相信灵魂转世的说法，认为自己是从迦太基统帅汉尼拔、古罗马军团战士、拿破仑麾下元帅、古希腊重甲步兵、东罗马贝利撒留将军的骑兵、斯图亚特王朝的苏格兰高地人等多个著名、善战、勇敢，不同时代的军事角色转世而来。巴顿以及其他家族成员，宣称曾经明确目睹祖先的灵魂。就读维吉尼亚军校前到裁缝店做军校制服时发现，他的制服尺寸在高度、肩宽、腰围、胸围上与祖父、父亲都一致，认为得到祖先的庇祐。

乔治·巴顿号称“铁胆将军”。粗鲁、野蛮是他在战争中留给后人的印象，潘兴元帅甚至把他叫作“美军中的匪徒”。但如果仅凭这一点就认为他是个只懂打仗的猛张飞就大错特错了。巴顿将军投注在军事领域的用心是全方位的，其中不乏智慧和深思熟虑的结晶，“巴顿剑”的成功就是一例。美国是一个善于使斧的国家，早期的骑兵更习惯挥舞马刀砍杀。训练时，骑兵们乘坐在马背上，像使用球棒一样疯狂地舞动手里的骑兵弯刀。年轻的巴顿把这一切看在眼里，不禁在心里开始了思量。巴顿发现，法国骑兵使用马刀的方法远远超过美国骑兵，原因很简单：法国人是用刀尖去刺杀，而美国人则是用刀刃去砍杀。与砍杀相比，刺杀能更快地接近敌人，作战效率更高。怀揣改进骑兵军刀的想法，巴顿调到了弗吉尼亚的迈尔堡。这是一个骑兵驻地，有军队里最优秀的骑手，有美国出身最好的军官，他们熟悉华盛顿的每一位要人。在这个“离上帝最近”的地方，血气方刚的巴顿决定大干一番，改进骑兵军刀就是他的“敲门砖”。“以法国式的直剑取代美军盛行的弯刀。”巴顿把自己的想法明白无误地写在文章里，并把文章交给迈尔堡骑兵团团长格拉德上校。上校是位老骑兵，当然看出了巴顿的主张有多么重要的意义。他建议巴顿再增添一些内容，然后把文章投寄给《骑兵月刊》。受到鼓舞的巴顿没有听从团长的建议。他把目光投向了更高级别的军事刊物。他知道，小小的《骑兵月刊》不足以引起军界高层的注意。果然，1913 年 1 月 11 日，颇有影响的《陆海军杂志》刊登了巴顿的文章，并立即引起军界的关注。几个月后，陆军参谋长伍德将军命令

按照巴顿设计的样式和规格，打造两万把新军刀。这种新型骑兵军刀是直线型设计，刀有940毫米长，刀身的宽度为257毫米，刀刃非常长，是一种理想的击刺武器，能够完美地用于刺杀。新军刀选在斯普林菲尔德的工厂铸造。为保证军刀的生产质量，巴顿被专门派去负责检查验收。美国军械部次长也对巴顿设计的新军刀很满意。新军刀还需要新的训练教程。巴顿开始编写《军刀教员讲义》。1914年3月，《军刀训练》一书由陆军部批准出版。巴顿在书里进一步强化了他附着在新军刀中的“刀尖”精神：要记住刀尖是压倒一切的重点，富有活力、勇于进取的勇士要像刀尖一样，在进攻中刺穿敌人的身体。但凌厉的枪弹使骑兵的军刀失去了用武之地。“巴顿剑”更多地成了骑兵们的标志性装备，很少在实战中使用。

巴顿将军

现代五项本身就是一个传奇式的项目，是唯一一个专为奥运会比赛设置的项目，由现代奥运会创始人顾拜旦倡议成立。在第五届奥运会上，现代五项首次被列入奥运项目，巴顿也参加了这次比赛。在气手枪比赛中，巴顿一共打出169环（其中包括两次脱靶），排名第21位。巴顿和裁判就两发子弹的环数起了争议。巴顿用的手枪口径过大，因此造成标靶上的子弹洞口过宽。当连续出现两次脱靶情况之后，巴顿向裁判解释原因是后一发子弹从前一发子弹在靶心的洞口中穿出，但裁判仍然坚持巴顿脱靶。对此，巴顿表现得相当大度。他说，“参赛的每一个人都表现出真正的军人气魄，我们都把彼此看做是好朋友，好战友，而不是竞争对手。这种友谊绝不会被对胜利的渴望而取代。”300 米自由泳比赛中，巴顿位列第六，游完 300 米后体力透支，是被人用船钩从池子里捞上来的；击剑比赛，巴顿发挥出色，获得了第三名；马术比赛中，巴顿惜败给两名瑞典选手，最终位列第三；四十公里越野跑比赛中，巴顿在离终点线 50 米的地方不幸撞墙，挣扎着走过终点之后，巴顿便昏倒在地。尽管如此，他仍然取得了该项的第三名。最后巴顿总分排名第五。

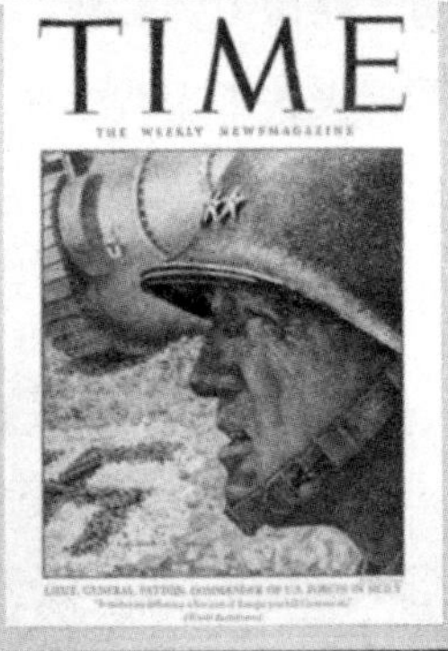

巴顿三度荣登《时代周刊》封面人物

《巴顿将军战争回忆录》是巴顿将军根据自己在第二次世界大战转战北非、意大利和法国、比利时、荷兰、德国期间在作战间隙时写下的日记，在战争刚刚结束时撰写的。

在巴顿将军 12 月不幸因故死后，由其夫人及在整个二战期间担任巴顿将军副参谋长的哈金斯上校编辑整理出版。这也是巴顿将军惟一的有关第二次世界大战的连续性记载，因此颇具历史价值和学术价值。

从这本书中，人们可以了解巴顿将军的战役战术思想、作战原则和指挥艺术；当时的战略战役态势，交战双方的战略战术意图；以及敌对双方上层的许多趣闻轶事，是研究了解第二次世界大战史的重要参考史料。

1945 年 12 月 9 日，巴顿因车祸负伤，后于 12 月 22 日去世，享年 60 岁。

败将英雄李将军

罗伯特·李将军，1829 年毕业于西点，1852 年就任西点校长。他和陆军部长杰斐逊·戴维斯对 1820 年以来西点所执行的教学计划进行了一次大的改革。学制延长为 5 年，增设了英语、军法、哲学、历史、文学和西班牙语等课程，增加了野外训练时间。直到南北战争结束后，学制才恢复为 4 年。

罗伯特·李将军出生于 1807 年 1 月 19 日，其家族是美洲移民时代的名门望族，第一代李家族的创始人托马斯·李是俄亥俄公司的创始人，作为传统的英国贵族曾是殖民地最高会议的成员和弗杰尼亚州的州长。托马斯·李更是富甲一方，在弗杰尼亚和马里兰拥有多达 1.6 万英亩的种植园，同时其他也是整个殖民地区中拥有最多黑奴的人之一。1750 年，托马斯逝世，留下了大批的

罗伯特·李将军

财富和8个孩子。大儿子菲利普·李继承了这笔庞大的遗产，成为了新的一家之主。

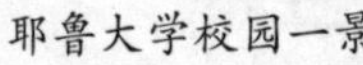
耶鲁大学校园一景

罗伯特·李的父亲亨利·李是独立战争时期的功臣，但是由于在一次投资活动中被合伙人诈骗了一大笔钱，失去了家中的所有财富，从此意志消沉。甚至由于亨利·李无力偿还所欠下的债务而被投入了巴尔的摩的监狱之中，独立英雄就这样成了阶下囚。亨利·李后来流亡国外，最后死在了返乡的路上。这给尚在童年的李造成了巨大的阴影，也让他看到了现实的无情与残酷，昔日的英雄竟会落得如此下场，之后的李也渐渐养成了沉默寡言的性格。

家中的现状造成了李相当早熟的性格，整日以书为伴，很少像同龄人那样嬉戏玩乐。到了1825年他18岁的时候，李顺利地考入了耶鲁大

学。然而当李兴奋地收到了耶鲁大学录取书的时候，却不得不面对一个重大问题，那就是家中根本无力支付他的学费。最终，李向西点军校提出了申请，因为那是唯一既可以让他受到良好高等教育而又不用交付学费的地方。西点军校很快就批准了他的申请，罗伯特·李第一次离开了自己的家乡，到了位于纽约州的军校。军校中的李，成功展现了他的杰出才华，毕业时的成绩居 1825 届的第二名，同时被授予杰出荣誉学员，得到了讲师的一致赞美。

李对待同学总是态度谦和虚心，从不以自己的良好成绩去炫耀。他为人正直诚实，几乎从不对任何人发脾气。四年后，校方在毕业评价中写道“此生表现杰出卓越，实为我校近年来少有的尖子。据其在校的表现，我们没有发现此生有任何不良的缺点。”毕业后，李被授予少尉军衔，派往工程兵军团。

在军队期间，罗伯特与华盛顿的曾外孙女玛丽·寇迪斯结婚，随之成为华盛顿家族的第一代言人和财产监管人。

内战前夕，李告别妻子回到德克萨斯，随着北卡罗来纳州的独立，德克萨斯也接着宣布成立共和国。李作为联邦军队的军官随即被赶出了德克萨斯，只能回到阿灵顿的家中。此时国内的局势已经变得不可遏制，南方各州都纷纷激烈地要求独立以求得州权，而北方联邦同样是歇斯底里般地不愿让步，甚至有参议员在国会宣称这是一个彻底解决州政府和中央联邦政府权利力之争的大好时机；废奴主义者们也是要求林肯进一步执行他的政策，彻底地废除蓄奴制度；南方的议员则批评这是违背林肯自己的选前承诺，因为林肯自己表示过“若他当选总统，他不会终结南方蓄奴制度的现实状况”。李同样无法远离这一个是非，虽然此时的弗杰尼亚并没有公开宣布独立。

然而当北方联邦政府宣布将动用军队武力镇压南方独立州的时候，弗杰尼亚州当即表示对联邦政府的谴责，州议会宣布弗杰尼亚州脱离联邦加入了南方邦联。而此时李接到了北方联邦政府陆军部和总统林肯亲自发出的任命信，准备晋升他为联邦军准将。在接到信后整整思考了三日，李从来不赞同南方分裂的主张，他热爱由自己的父亲和曾岳父参与建立的合众国。但是，他基于道德立场，同样不赞成北方以武力解决南方的分离要求。在他自己看来他实在无法去同自己的家乡与亲人作战厮杀。4月23日，李拒绝了联邦政府的邀请，接受了南方邦联总统的要求掌管弗吉尼亚州的防务。8月31日，李被晋升为上将，短暂地担任了一个月的南军总司令，该职务后由总统戴维斯兼任，李担任了南军总参谋长。接着开始负责南卡洛拉那州和乔治亚州海岸防线的修筑工作，以防止北军通过海军的优势侵入登陆。

罗伯特·李和他的两个儿子

1862年3月，李回到了南方首都里士满。5月，北军总司令麦克艾伦率领着10万大军从华盛顿出发沿着波特马克河南下，在里士满附近的半岛登陆，开始了对里士满的攻略作战。此时的一线指挥官约翰斯顿正好受伤，李便改组了他的军团，并以总参谋长身份出任军团长，李将该军团命名为北弗杰尼亚军团。

李将军在战场上

同时李提拔了两位将军作为他的副手，一个是“石墙”杰克逊，另一个则是朗斯特，这两人日后也成为李最杰出的左膀右臂。李随后开

始对侵入的北军发动一次主动进攻，这也就是所谓的“七日战役”。李以凌厉的攻势猛击麦克艾伦的薄弱右翼，让整个北军指挥系统顿时手足无措，成功瓦解了北军的反击作战。之后，他付出较大的伤亡后（约1万人），成功地将北军赶出了里士满，最后麦克艾伦不得不依靠海军舰炮的掩护仓皇撤退。李又继续挥师北进，在第二次公牛跑战役中又一次击败了北军。此时在李的授意下，“石墙”杰克森突袭北军的哈伯渡口，不仅将其占领而且俘虏了1.2万名北军。

李将军出生时的故居

1862年9月17日，北军孤注一掷在安特提姆战役投入大批部队阻击李，使他节节进逼。北军以绝对的兵力优势投入战斗，李以异常坚强的防御顶住了北军近乎疯狂的进攻。战至下午，李亲自走上火线，鼓舞士气。在一次反突击中，李的右手臂被流弹击伤。在千钧一发之时，他的援军A. P. 希尔赶到了战场并投入了战斗，最终李成功地击退了北军。但是他的损失太大了，之后他再也没有继续侵入北方的可能性。李取得了一个战术上的胜利，但是却失去了一个战略上的机会。双方一共有2.8万人倒在了战场上，这一天成为了美国历史上最血腥的一天。李

的军团不得不撤回到南方休整，结束他第一次对北方的进攻。

1863 年 5 月，杰克逊在前线中了流弹，伤及左臂。那个时代的医学还很原始，战场上缺乏有效的消毒，更没有抗菌素。杰克逊的伤势恶化，截肢以后并发肺炎，8 天后去世。士兵们把杰克逊将军送回了莱克辛顿，安葬在小镇的公共墓园里。李将军闻讯，写下了他的心头之痛："他失去了左臂，我失去了右臂！"

南北战争后期，南北实力的差距越来越明显，南军败局逐渐明朗。此时，林肯总统与他的将领们最担心的是，南军虽然在军事上失利，南方人的战斗意志仍在，他们担心南方将作出战略上的转变，把军队化整为零，隐入南方广袤的山林，展开游击战。

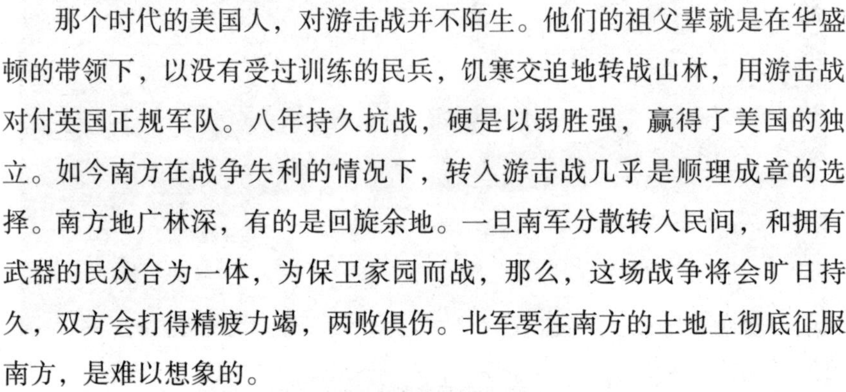

那个时代的美国人，对游击战并不陌生。他们的祖父辈就是在华盛顿的带领下，以没有受过训练的民兵，饥寒交迫地转战山林，用游击战对付英国正规军队。八年持久抗战，硬是以弱胜强，赢得了美国的独立。如今南方在战争失利的情况下，转入游击战几乎是顺理成章的选择。南方地广林深，有的是回旋余地。一旦南军分散转入民间，和拥有武器的民众合为一体，为保卫家园而战，那么，这场战争将会旷日持久，双方会打得精疲力竭，两败俱伤。北军要在南方的土地上彻底征服南方，是难以想象的。

这时候的南方邦联政府已经看到了这种前景，也作出了这一战略转变的精神准备。林肯总统和北军也看到了这一点，他们认为，唯一的办法是摧毁南方人的战斗意志。为此，北军的谢尔曼将军在占领亚特兰大以后，下令焚烧这一南方重镇，并且在向海边挺进的路上，下令一路焚烧所有民房，一直烧到南卡罗莱纳州的查尔斯顿。载入史册的"谢尔曼大火"，已经没有什么军事战略和战术上的意义，纯粹是军队为了打垮对方的反抗意志而转向对平民的恫吓。与此同时，在被北军占领的南方城镇里，出现了南方民众对北军的攻击和骚扰。亦兵亦民、兵民不分的

游击战已经初显端贻。受到攻击骚扰的北军，作出的反应必然是加倍的报复和反击，而不再顾忌对方是不是穿制服的军人。就这样，四年南北战争到最后的时刻，第一次出现了军队对平民的杀戮。这种情况一旦失控，伤及无辜将不可避免，战争的伦理将直线下滑。

李将军生前居住的卧室

1865 年 3 月，李主动放弃了里士满，开始向北卡洛拉那转移，准备与约翰斯顿将军会合，以便对付谢尔曼的大军。然而在半路中，格兰特军团已经追上了李的北弗杰尼亚军团，几近将其包围。李明白此时的南方大势已去，便向格兰特提出了投降谈判的要求。也有人提出过，号召全体南军部队化整为零深入山区打游击战，就如同当年独立战争时他们的祖辈对付英国人那样。但是，李一口加以回绝，他如此回应“战争是我们这些军人的职业，如果如你们所说，那就等于把战争的责任推给了无辜的人民，带来的也只会是无休无止的争斗和血腥的屠杀。我虽然不是一个优秀的军人，但是我的道德不允许我去这么做。如果我的死，可以换取人民和这片土地的安宁，那就让他们把我当作战争罪犯绞死吧。”

李将军只有一条路可走，那就是向格兰特将军投降。对于李将军，投降是什么份量，无人能够想象。对于他来说，作出这一选择的时候，个人生死已微不足道。自古成者为王败者为寇，一旦投降，他作为叛乱首领的身份就将盖棺定论。

最终，李和格兰特在阿托克马斯的法院会面商讨投降事宜。虽然格兰特在此之前从没有说过李的任何“好话”，而且格兰特曾说过他不愿意再听到任何人在他面前说有关李的“无敌”神话，并声称他就是要“抽打”李。但格兰特在内心却是十分敬重李的，这就是所谓的英雄相惜。在和李见面后，虽然当时李一身笔挺的军服而格兰特的军服上满是征尘，但在两人内心，却是正好相反，李是十分痛苦当然格兰特则是十分兴奋的。格兰特看出了李内心的痛苦，甚至不忍心提起“投降”这个话题，在谈判开始后的半个多小时内，格兰特一直在说关于墨西哥作战时的往事，最后还是李主动将话题转到了投降上，格兰特几乎同意了李所提出的所有要求。在得到了格兰特决不会关押迫害一名南军士兵的保证后，李同意在投降协议上签字。最后，李却又补充了一条即允许南军士兵带走军中的战马，当格兰特问及原因的时候，李说：“马上就要春耕了，他们都是农民的儿子，他们需要这些马去劳作。”最后，双方在互相尊重的气氛中签署了协议。李手下2.8万名饥寒交迫的士兵正式投降，也标志着历时近5年的残酷厮杀终于停止了。

不止一个现场目击者后来回忆说，李将军在投降协议上签字后，向对手格兰特将军告辞，将离开阿波马托克斯那栋二层砖房的时候，他的坐骑，那匹陪伴它多年的“旅行者”白马，突然表现得暴躁不安，嘶叫着原地打转，不愿让将军上马。连战马也知道投降的屈辱。将军威严地轻声喝令：“安静！安静！”待到白马安静下来，李将军手扶马鞍，无声地长叹。这一声叹息，令全场所有的人肃然！

李将军的投降，标志着美国走出了内战的炼狱。林肯总统得知这一消息，立即在白宫庆祝南北战争的胜利，他要乐队演奏南方的歌曲，他说，南方人又是我们的兄弟了。

就这样，由于李将军的勇气，美国南方躲过了一场灾难。美国的南北战争结束得突然、平静、尊严。今日的美国人，回首 100 多年前的那个春天，无不深深庆幸上帝给了他们一个品格如何高尚的李将军！

不幸的是，李将军投降仅仅 5 天，林肯总统被刺杀。当时的副总统安德鲁·约翰逊接替了总统的位置。他坚定地推行林肯生前对南方的战后温和政策。南方参加过叛军和叛乱政府的人，只要在联邦政府印发的一纸宽恕请求上签字，获得政府的赦免令，就一概既往不咎，还能够继续享有选举权和被选举权，享有一切公民权利。

林肯总统

在他的将士都回家以后，李将军却无家可归了。他的家在东边，可是他不能回家。他在联邦首都华盛顿附近的阿灵顿山庄，已经被联邦政府没收。最后，李翻过蓝岭山脉，来到了西麓的莱克辛顿小镇。

在小镇南端的公共墓园里，安息着李将军最得力的战将，托马斯·杰克逊将军。杰克逊将军也是西点军校的毕业生，也参加过墨西哥战争。“石墙”杰克逊是李将军的臂膀。那个时代的战争，正处于从冷兵器到全面热兵器的转变，军队的联络手段却还十分原始，还没有电话和电报。部队的调动和布局，一方面要隐蔽自己，迷惑敌军，另一方面要和友军配合，进退有序。很多时候，这样的作战意图，友军之间的配合进退，随机应变，根本无法借助原始的通讯，而只能依赖于指挥官的直觉和判断，依靠指挥官们之间的心灵相通。在这方面，杰克逊将军和他的统帅李将军配合得出神入化。

有多少个清晨，多少个黄昏，李将军曾走过莱克辛顿狭窄的老街，站在杰克逊将军的墓前，深深地低下他的头。现在美国南方有这样一个传说，有一次，在激战的战场上，败退的士兵拖着阵亡者的尸体，搀扶着奄奄一息的伤者，气急败坏地向李将军报告前线失利的消息。将军却对着躺在地上的死者，低头说：“都是我的错!”这个传说难以考证其真假，但是南方人都相信是真的，相信世界上只有这一个将军，到了这样的时刻还会如此说。

罗伯特·李将军

可是，很多战败的南方人还是不愿意向联邦政府请求宽恕，自尊使他们被排斥在战后正常生活之外。李将军知道，南方人仍然注视着他。明知自己是最不可能得到政府赦免的叛乱首领，为了让这个国家能顺利越过这条由战争划出的鸿沟，李将军带头向联邦政府申请宽恕。国会的强硬派反对杰克逊总统的温和政策，南北关系进入紧张而不和睦的“重建时期”。有了林肯总统处理战后

问题的思路，几乎所有南方人都得到了政府的赦免，南方的代表又重新进入美国国会。在许多国家发生过的战后报复，在这里没有发生。但是，由于强硬派的坚持，李将军本人却至死也没有获得赦免。于是，李将军便在莱克辛顿镇隐居，默默咽下一个战败降将的耻辱。

莱克辛顿在南北战争后期的一场炮战中几乎被毁掉，弗吉尼亚军事学院被炸成废墟，所幸的是华盛顿学院没有遭到很大的破坏。李将军在此隐居，莱克辛顿民众感到非常骄傲和荣幸。华盛顿学院校董会立即开会，一致决定聘请李将军担任校长。李将军担心自己的叛军司令身份会给学校带来不利，坚辞不允。校董会三顾茅庐，恳求李将军出来主持校政。李将军看到战后的南方需要重建，特别需要新一代人认同国家的重新联合。在辞去其他所有聘任后，李将军接受了华盛顿学院的邀请，担任校长，几个月后，校董会决定，将学校改名为华盛顿－李大学。

葛底斯堡战役绘图作品

莱克辛顿的民众在校园里为李将军建了一个小礼拜堂，礼拜堂里有安放将军大理石棺的墓室。李将军生前的校长办公室原封不动地保存到

现在。李将军的坐骑，白马“旅行者”，死后也安葬在礼拜堂的院子里。

李将军无疑是美国内战中最为杰出的一名指挥官，同时也是品格最受人推崇和尊敬的将领。战前他曾在各种不同的兵种服过役，这使他在日后的指挥中能够充分地理解和协调各兵种之间的关系和安排。他的战略即为“进攻”二字，哪怕是处于逆境也敢于发动进攻，同时也善于捕捉对方部署上的弱点和漏洞，出其不意地发动攻

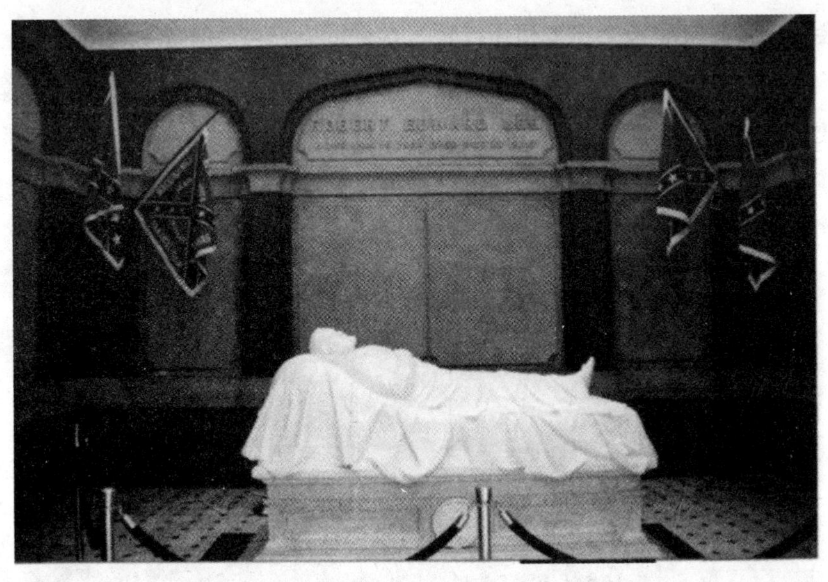

位于维吉尼亚的罗伯特·李灵寝纪念馆

击。对于局势的观察，他也有着特别的敏锐，从不会轻易放过对方露出的蛛丝马迹般的错误。李善于声东击西吸引对方注意力，接着猛然一个出色的运动，打击就落在对方另一侧。当然，李也有着这样那样的缺点和不足。其中最致命的可能就是他内向的性格所造就的，李极不善于向自己的部下解释他的计划和思想，常常会造成其下属的误解，这在“石墙”杰克逊死后更为凸现。盖蒂斯堡战役就

是一个最好的例子，在他这唯一的战败中，他的部下几乎没有一个人很好理解和贯彻他的命令。在整个战争中，李的每一场战役面对着远远多于他兵力的北军作战，尽管他在安特提姆遭到了重大损失，在葛底斯堡也遭受了惨痛的失败，但他的部队从来没有出现过失去秩序地崩溃，他始终都是坚守在他的阵地上直到最后一刻。他所辖的北弗杰尼亚军团也是美国历史最好的一支部队。

相对于李的军事指挥才能，也许他的高尚品格才更让人们如此地怀念他。时至今日，他仍是南方乃至全美国最受崇敬的军人。他的生日都被定为南方各州的法定纪念日。以他命名的小学、中学乃至大学遍布各地。每年他的忌日，在他墓前都会堆满数以千计的鲜花。

1975 年 7 月 22 日，美国参议院在李将军死后的一百零五年，全票通过特别法案，恢复了罗伯特·爱德华·李美国公民称号与权利，8 月 5 日福特总统签署了此项法案，当时福特感言道：“李是一个真正的美国英雄，深深地受到了南方和北方的共同尊敬。”

削职为民的五星上将

道格拉斯·麦克阿瑟，美国五星上将，第二次世界大战时期历任美国远东军司令、西南太平洋战区盟军司令；战后出任驻日盟军最高司令和“联合国军”总司令等职。

按照美国军衔制度规定，五星级将军是终身制的，不必退役，惟独麦克阿瑟将军例外。

1880 年 1 月 26 日，麦克阿瑟出生在美国阿肯色州小石城军营里的一个军人世家。其父阿瑟·麦克阿瑟 17 岁时就进入军界，中间曾一度复员，学习法律，后来再次从戎，最后晋升为中将，曾任驻菲律宾的军事总督。母亲玛丽·平克尼·哈迪是一个富有的棉花商的女儿，结婚时刚从一所中等专科学校毕业，比丈夫小 8 岁。她颇有一种贵族小姐的派头，又总是教导自己的儿子要成为“伟人”。父母的经历和性格，对麦克阿瑟的职业选择产生了深远的影响。他从小追求的目标就

麦克阿瑟

是做一个军人，当一名将军。

1899 年，麦克阿瑟考入西点军校。在校期间既刻苦攻读，又注重体育锻炼。麦克阿瑟从进入西点军校的那天起，他的母亲就在他宿舍对面的一家旅馆租了一个房间，长期监控儿子读书是否用功，晚上房间的灯光是否还亮着。直到麦克阿瑟 4 年后以全班第一名 98.14 分的总平均积分从西点军校毕业时，“望子成龙”的麦母这才放心地退掉了旅馆的房间。

按照西点军校的传统，高才生可以自由选择兵种。麦克阿瑟选择了在战场上为各兵种服务的工兵。毕业后，他赴菲律宾任美军第 3 工兵营少尉。

西奥多 · 罗斯福

1905 年，麦克阿瑟追随其父从事情报工作。1906 年，成为美国陆军工兵学校学员，兼任西奥多 · 罗斯福总统的军事副官。1908 年，调任工兵营连长，因训练有方而晋升为营部副官，稍后又成为骑兵学校教官。

1911 年，麦克阿瑟晋升为上尉。1912 年被调到华盛顿陆军总部参谋长办公处工作，受到参谋长伦纳德 · 伍德少将的赏识，不久便被任命为参谋部的成员。这一任命使他与首都的大人物有了更多的接触和交往。

1915 年，麦克阿瑟晋升为少校。1916 年，调任陆军部长贝克的副

官，负责与新闻界的联络事务。

1917 年 5 月，美国对德国宣战，从各州国民警卫队抽调人员组成第 42 步兵师。麦克阿瑟出任第 42 步兵师参谋长，晋升为上校，赴法国参加世界大战。他声称该师人员来自美国各地，犹如跨越长空的彩虹，故将该师称为“彩虹师”。

由于作战勇敢，指挥部队多次取得胜利，麦克阿瑟获得 2 枚服务优异十字勋章、1 枚服务优异勋章、7 枚银星章、2 枚紫心勋章以及数枚法国授予的勋章，职务由参谋长提升为师长，军阶由上校提升为准将。

经常叼著大烟斗的麦克阿瑟

1919 年 4 月，麦克阿瑟从欧洲回国，6 月出任西点军校校长，成为该校最年轻的校长。

麦克阿瑟在西点军校任职 3 年，在这 3 年里，他实行了不少改革，整顿纪律，增设课程，主张训练要着眼于未来战争，推行现代化军事教育，但是在西点的改革不仅受到来自国会、陆军部、校友会中保守分子的责难，也遭到了潘兴将军的反对。于是，1922 年 2 月他被调往菲律宾执行海外任务。临行前，他与富有的寡妇，实际上也曾是潘兴情妇的路易丝·布鲁克斯结为伉俪（6 年后离异）。婚后便来到阔别 18 年的马尼拉，再次在伦纳德·伍德麾下供职。

1925 年，麦克阿瑟又奉命回国，晋升为少将，先后在亚特兰大和

巴尔的摩任军长。在那里，路易丝又投身于社交活动，对丈夫的军旅生活完全失去了兴趣，并力劝丈夫退出军界，从事私人生意赚大钱。她认为麦克阿瑟聪明过人，不应在戎马生涯中浪费光阴。麦克阿瑟却不以为然，两人于1929年6月离婚，直到1937年4月，麦克阿瑟才又与37岁的费尔克洛思小姐结婚。

麦克阿瑟于1927年秋出任美国奥林匹克委员会主席，率美国代表队参加1928年在阿姆斯特丹举行的奥林匹克运动会，并获得冠军。陆军参谋长为此致电祝贺："你不仅获得了美国人决不撤退的美誉，而且获得了美国人深知如何获胜的光荣。"此后，麦克阿瑟调任驻菲律宾美军司令。

1930年8月，麦克阿瑟收到陆军部长来电，得知胡佛总统决定让他出任陆军参谋长。麦克阿瑟考虑到当时处于世界经济危机之际，和平主义思潮高涨，军费开支必将缩减，惟恐出力不讨好，遂有推辞之意。其母则力劝他接受该职，声称"如果你表现出怯懦，你父亲在九泉之下也会为此感到羞耻"。

1930年11月，麦克阿瑟接受上将临时军衔，宣誓就任美国陆军参谋长，成为美国陆军历史上最年轻的陆军参谋长。在任期内，麦克阿瑟用机械化装备代替马匹，提高了部队的机动能力和速度，制定战争总动员计划；为诸兵种建立统一的采购制度以减少浪费，建立航空队司令部以提高地空部队的协调效率；反对国会因经济原因而欲裁减陆军机构的企图；反对削减军官队伍，声称"一支陆军可以缺乏口粮，可以衣住简陋，甚至可以装备破旧，但如缺少训练有素及指挥有方的军官，则在战时注定会被歼灭。胜利与失败的不同，全在于有无干练而有效率的军官队伍"；每年均成功地阻止削减陆军员额的议案，并为陆军的战备辩护。

1932年7月，麦克阿瑟奉胡佛总统之命，派军队驱散进入华盛顿要求补发退休金的1.5万失业退伍军人，虽然他并不愿意这样做，但还

是亲自指挥军队将这些人赶出首都。

1933 年罗斯福出任总统之后，麦克阿瑟继续担任陆军参谋长。

胡佛总统

1935 年，麦克阿瑟的陆军参谋长任期届满，以少将军衔调任菲律宾政府总统奎松的军事顾问，并出任菲律宾军队的统帅。1936 年 8 月，被授予菲律宾陆军元帅军衔。他在接受菲律宾陆军元帅杖时说："只有那些不怕死的人才配活着。"1937 年 4 月，与琼妮·费尔克洛思在美国结婚。1937 年底，麦克阿瑟从美国陆军退役，开始组建菲律宾陆军。

1941 年 6 月，美国军方采纳"彩虹 5 号"计划，决定协同轴心国作战，并把重点放在欧洲。7 月，华盛顿下令将菲律宾陆军与驻菲美军合并，将麦克阿瑟转服现役，晋升为中将，任美国远东军司令部司令，下辖温赖特指挥的第 1 军和帕克指挥的第 2 军。

1941 年 12 月 8 日，日军继偷袭珍珠港之后，对菲律宾发动进攻。由于麦克阿瑟判断错误和处置失当，驻菲律宾的美军轰炸机和战斗机大部分被毁，空中防御能力丧失殆尽，再加上美菲军兵力有限，装备低劣而缺乏训练，无法抵挡日军的进攻，麦克阿瑟于 12 月 24 日和 26 日将美菲军司令部迁往科雷吉多尔，所有部队则从马尼拉撤往巴丹半岛固守，宣布马尼拉为不设防城市，就在 1941 年 12 月 24 日，麦克阿瑟晋升为上将。此后，麦克阿瑟以他的勇气和才能，奔波于澳大利亚、菲律宾和华盛顿之间，为恢复美军元气做了不懈的努力。不久，太平洋地区的盟军统一编制，麦克阿瑟被任命为西南太平洋地区的总司令，指挥这一地区的部队。

1942 年 1 月，日军进占马尼拉。日军随后多次进攻巴丹半岛，但未能成功。当日本广播电台的“东京玫瑰”嘲笑美国太平洋舰队的时候，麦克阿瑟要求陆军部派遣飞机飞越菲律宾上空以打击“敌人宣传的气焰”，稳定守军士气。然而，这种要求没有也不可能得到满足。3 月，得到增援的日军向孤立无援的巴丹半岛等地的美菲军发起攻势。美国政府为避免麦克阿瑟成为俘虏，命令他将指挥权转交温赖特并赴澳大利亚担任西南太平洋战区盟军司令，指挥该区盟军作战。3 月 11 日夜，麦克阿瑟在从科雷吉多尔登上鱼雷艇离开菲律宾之前，发誓“我还要回来”。4 月 9 日，巴丹美军及菲律宾军约 75000 人被迫向日军投降。5 月 6 日，巴丹陷落后转移到哥黎希律岛指挥作战的温赖特被迫请求投降，并于次日通过马尼拉广播电台命令所有美菲军队投降。

年轻时的麦克阿瑟

抵达澳大利亚之后，麦克阿瑟率参谋长萨瑟兰先将司令部设在布里斯班，后又前移至莫尔斯比港，旨在稳住莫尔斯比，与日军在欧文·斯坦尼山决战。西南太平洋盟军的陆军司令为布莱梅爵士，空军司令先为布雷特，后为肯尼（所辖空中力量后来改编为美国陆军第 5 航空队），海军司令为利里。后来隶属麦克阿瑟指挥的还有美国海军第 3 舰队。美国陆军部队先后有克鲁格的第 6 集团军、艾克尔伯格的第 8 集团军和巴克纳的第 10 集团军（后由史迪威指挥）。鉴于另设有以海军的尼米兹为司令的太平洋战区，麦克阿瑟认为："在有关这场战争的所有错误决定中，最莫名其妙的恐怕是没有建立太平洋的统一指挥。"经过 1942 年的中途岛战役和 1943 年的瓜达卡纳尔战役，盟军开始由战略防御转向战略进攻。

中途岛海战

中途岛战役之后，日军陈兵新几内亚，企图通过直接攻击而夺占米恩湾，通过侧翼运动而攻克莫尔斯比港。麦克阿瑟对此作出了正确判断，并制定出相应的作战计划。1942 年 7 月 23 日，在新几内亚展开了首次地面作战。澳军经过激战而被迫退却。8 月底，日军越过欧文·斯坦尼山峰，逼近莫尔斯比港。但与此同时，进攻已被盟军据守的米恩湾

的日军却全军覆没。麦克阿瑟指挥盟军沿 3 条轴线向布纳 - 萨拉莫阿 - 戈纳地区实施反攻。1943 年 1 月，经过 6 个月的激战，盟军胜利结束巴布亚战役。

自 1943 年起，麦克阿瑟就大力主张太平洋战场实施统一指挥，但这种主张因军种之间的矛盾而未能实现。

1943 年 4 月，麦克阿瑟根据破译的日军密码电讯，决定派出战斗机队将日本联合舰队司令山本五十六的座机击落。

麦克阿瑟的 1943 年最后进攻计划，设想从瓜达卡纳尔和巴布亚同时发动进攻，保卫新几内亚东北部和所罗门群岛，集中力量收复拉包尔。盟军采用麦克阿瑟的越岛战术，基本实现上述作战计划。麦克阿瑟称越岛战术“这种战争方式的实际应用，就是避免以大量的伤亡进行正面的攻击，就是避开日军据点；切断补给线，使它们无所作为；就是孤立他们的军队，使他们在战场上饿死……这就是我调动部队与拟定作战计划的指导思想”。

1943 年，共和党政客有意让麦克阿瑟成为 1944 年大选的总统候选人。但是，1944 年某些州的预选表明麦克阿瑟得票并不多。因而，麦克阿瑟只好声明无意参加总统竞选。

1944 年 6 月，太平洋战场上的美军完全控制了新几内亚和马里亚纳群岛。对下一步的作战目标，麦克阿瑟同海军方面发生了分歧。参谋长联席会议表示同意金海军上将的建议：绕过菲律宾，攻取台湾，早日进攻日本本土。麦克阿瑟则认为，加速进攻日本本土是行不通的，绕过菲律宾而直接攻取台湾，从军事上讲是“完全错误”的。他要求亲自去华盛顿全面陈述他的观点。罗斯福总统没有让麦克阿瑟回华盛顿，而是相约在珍珠港会晤。7 月 26 日，两人几乎同时到达珍珠港。第二天晚上开始讨论战略问题，尼米兹拿出金海军上将的计划，并陈述了海军方面对这一作战计划的理由，自己完全持中立立场。麦克阿瑟则详尽陈述了首先收复菲律宾群岛的理由。到午夜休息时，总统仍没有作出最终裁决。第二天上午继续会晤。麦克阿瑟的主张终于被采纳。9 月 15 日开始向菲律宾进军，10 月 20 日，麦克阿瑟率部在莱特岛登陆之后，在菲律宾总统的陪同下，从广播车上激动地宣称："菲律宾人民，我回来了！……让巴丹半岛和哥黎希律岛上的那种不屈不挠的精神发扬光大。在战线推进到你们所在的地区时，起来战斗！利用每一个有利机会，打击敌人！为了你们的故乡和家庭，战斗！为了你们神圣的死者，战斗！"此后，他熬过了近 3 个月艰难的莱特战役。

乔纳森·梅休·温赖特四世少将及道格拉斯·麦克阿瑟上将

1944 年 12 月，麦克阿瑟晋升为陆军五星上将。

1945 年 1 月，盟军于 10 日开始在马尼拉以北的仁牙困湾登陆，29 日在巴丹牛岛登陆，夹击日军山下奉文部。2 月 3 日，盟军第一支部队进入马尼拉，解救了 5000 多名战俘。直到 3 月，盟军才经激战而攻克马尼拉，占领巴丹半岛，收复科雷吉多尔。3 月 1 日，麦克阿瑟乘坐鱼雷艇象征性地回到科雷吉多尔。1945 年 4 月，麦克阿瑟受命指挥太平洋地区所有美国陆军部队的作战行动。

1945 年 8 月 15 日，日本宣布无条件投降，麦克阿瑟则被杜鲁门

总统任命为驻日盟军最高司令，负责对日军事占领和日本的重建工作。9月2日，盟国在“密苏里号”军舰举行受降仪式。日本外相重光葵和参谋总长梅津美次郎代表日方签署投降书。麦克阿瑟代表美国签字受降，中英苏等盟国代表亦先后签字受降。麦克阿瑟在签字受降时，特意安排太平洋战争初期即被日军俘虏的美国将军温赖特和英国将军珀西瓦尔站在身后的荣誉位置，然后动用5支笔签署英日两种文本的投降书。第1支笔写完“道格”即送给温赖特；第2支笔续写“拉斯”之后送给珀西瓦尔；第3支笔签完“麦克阿瑟”而后送交美国政府档案馆；第4支笔开始签署其职务和军衔，尔后送给西点军校；第5支笔是从军服口袋内掏出的粉红色小笔，签完其职务和军衔，尔后送给麦克阿瑟夫人。

1948年美国总统竞选时，麦克阿瑟公开宣称希望提名为共和党的总统候选人。结果第一轮投票获得1094票中的11票，第二轮只获得7票，第三轮则几乎是零票。

麦克阿瑟签署投降书

1950年6月25日，金日成发动解放朝鲜全境的战争，南朝鲜首府汉城（首尔）在6月28日被攻陷，6月27日，杜鲁门下令美军参加朝鲜半岛作战，7月7日联合国安理会通过美国起草的决议，组织联合国军参加朝鲜战争，由五星上将麦克阿瑟任总司令。韩战期间，麦克阿瑟组织策划仁川登陆将朝鲜人民军拦腰切断，战争形势被完全逆转，毛泽东接受金日成的请求，决定出兵朝鲜，任命彭德怀为司令员兼政委。10 月 19 日，美军攻占平壤，此时第一批中国人民志愿军分三路秘密进入朝鲜，阻击联合国军队。1950 年 10 月 15 日，杜鲁门总统在威克岛接见麦克阿瑟，只让他打一场有限的战争。往后期间，麦克阿瑟公开反对杜鲁门的决定，派侦察飞机飞入中国领空。志愿军入朝后的前三次战役，联合国军都遭到失败，第四次战役旗鼓相当；麦克阿瑟缺乏统一朝鲜半岛有效手段，在李奇微出任第八集团军司令并开始扭转战局后，麦克阿瑟越来越令美国军政当局不满。1951 年 4 月 11 日，杜鲁门以“未能全力支持美国和联合国的政策”为借口撤了他的职，由李奇微（Matthew B. Ridgway）接任。

麦克阿瑟回到美国后，在华盛顿受到了万人空巷的英雄式欢迎。许多大城市都爆发了支持麦克阿瑟，反对杜鲁门的游行示威活动，杜鲁门支持率下降到了 26%。四个州的议会通过了决议，要求杜鲁门总统收回成命。1951 年 4 月 19 日，麦克阿瑟在国会大厦发表了题为《老兵永不死》的著名演讲。

“我即将结束五十二年的军旅生涯。我从军是在本世纪开始之前，而这是我童年的希望与梦想的实现。自从我在西点军校的教练场上宣誓以来，这个世界已经过多次变化，而我的希望与梦想早已消逝，但我仍记着当时最流行的一首军歌词，极为自豪地宣示‘老兵永不死，只是渐凋零’（Old soldiers never die, they just fade away）。”

第二位格兰特将军

弗雷得里克·登特·格兰特，政治家，警官，格兰特家族的第二位将军，是尤利塞斯·辛普森·格兰特和朱莉亚·伯格斯·登特的第一个孩子。1850 年 5 月 30 日出生在美国密苏里州的圣路易斯。1912 年 4 月 11 日因癌症逝世，享年 61 岁零 11 个月。

50 美元上的格兰特头像

弗雷德里克·登特·格兰特 13 岁时，就表现出对军旅生涯的偏爱。跟同龄人相比，他的经历有些不同寻常，因为他父亲是联邦军维克斯堡战役的指挥官，在战役中他一直跟随着父亲。当格兰特攻下密西西比州的杰克逊镇时，他的儿子或许会在多年以后声称这应该归功于自己。小弗雷德里克跑在父亲军队的前面，直到在城郊看见了邦联军才停下，他就趴在那里等待联邦军的到来。父亲的部队来到以后，他宣称是他第一个到达这里的，包围该城的光荣应该属于他。

14 岁的弗雷德里克便进入西点军校，但学习程度不够，因此他花了 5 年时间才学完 4 年的课程。毕业后，他获得少尉军衔，被派往在墨西哥边界巡逻的骑兵部队。接着年仅 19 岁的弗雷德里克便被提升为菲力普·谢里登将军的副官，一直到将军去世。

本杰明·哈里森

1889 年，弗雷德里克辞去军中职务，接受本杰明·哈里森总统的任命，出任驻奥地利公使。1894 年他成为纽约市警察局局长，在任 4 年。

1898 年美西战争爆发后，又返回军队。经验丰富的他很快就成为纽约 14 步兵团的格兰特上校，此后又升为准将军衔，指挥志愿军。战争结束后，他在正规军中仍持有该军衔。1906 年，弗雷德里克晋升为少将。在和平时期，他曾两次驻扎在纽约州长岛，还曾任大湖区司令。

到 1912 年时，格兰特弗雷得里克已成为国内军界第二号人物，仅居华盛顿特区参谋长里奥纳德·伍德少将之下。从缅因州波特兰到南部得克萨斯州的加尔维斯顿，弗雷德里克视察了一圈，回到纽约后，报界得知他告假与妻子团聚。

事实上，弗雷德里克是去做了癌症手术，但病情对外保密。自从他的父亲死于喉癌后，弗雷德里克就担心自己也会因此而丧生。他的担心证明是对的。

为了避开公众，他和妻子用假名在纽约一家旅馆登记。1912 年 4

月 11 日，抵达旅馆一小时后，这位将军开始窒息，当医生赶到时，为时已晚，新闻界宣布弗雷德里克死于因糖尿病和肠紊乱并发的心脏衰竭，但他的病情很快就公开了。弗雷德里克将军被实行军葬，成千上万的人参加了葬礼，其中包括塔夫托总统、副总统、纽约州长及军队和国民自卫队的全体高级军官。他的灵柩由 6 匹马拉的军用弹药车运往西点军校的墓地。

根据军葬的仪式，将军的军靴倒置在爱骑“宠物”的马镫里一路随行。13 响礼炮声中，这位著名的军人，美国第二位格兰特将军的葬礼仪式结束。

现代空军之父

亨利·哈里·阿诺德，第二次世界大战时期历任美国陆军航空兵司令、主管航空兵事务的陆军副参谋长、陆军航空队司令等职，军衔至五星上将，被称为美国“现代空军之父”。

1886年6月25日，阿诺德出生在美国宾夕法尼亚州的格拉德怀尼。父亲是个医生，希望儿子继承父业或献身宗教，但阿诺德另有志向。1903年，他经过认真思考和选择，考入有着“将军的摇篮”之称的西点军校。

亨利·哈里·阿诺德

1907年，阿诺德从西点军校毕业后，被派往菲律宾当了一名步兵。两年后，调回美国，在纽约的总督岛服役。1911年，陆军部派他去俄亥俄州的代顿，作为自愿者跟随莱特兄弟学习飞行。学习结束后，他被分配到马里兰州的科列吉帕克，在那里，他创造了飞行高度6540英尺的世界纪录，并荣获玛凯奖。1913年，阿诺德再次前往

菲律宾，并结识了马歇尔，马歇尔在二战中给予他很大的帮助。3 年后，阿诺德放调回美国，并晋升为上尉。后被任命为加利福利亚州圣迪科航空学校的后勤军官。不久，他被调往巴拿马，任第七航空中队队长。一战时，阿诺德应召前往华盛顿，担任陆军通信兵航空处情报主任，并提拔为上校。此后又当上负责军事航空训练和征用民用机场的副局长。但是在一战中，他没能去欧洲参战。

大战中，法德空军的较量让阿诺德感到震惊，他开始为美国空军的发展而忧虑。1925 年，他作为航空兵情报官进入陆军工业学院工作一年。在此期间，发生了米切尔事件。米切尔是当时美国陆军航空兵领导人之一，受杜黑“制空权”思想的影响，他认为飞机将成为未来战争的决定力量，要求建立脱离陆军控制的独立空军，米切尔对美国陆军部的漠然态度极为不满，指责他们玩忽职守，“几乎是叛国”。结果米切尔于 1925 年被带上军事法庭，以违背上级罪判处停职两年半。

亨利·哈里·阿诺德

在陆军工业学院学习的阿诺德是米切尔思想的坚决支持者，因在米切尔审判事件中出庭作证支持米切尔，而被流放在堪萨斯的赖利堡。但是，阿诺德仍然坚定地为组建独立的空军而努力奋斗。他潜心钻研航空技术和航空兵战术，并埋头于理论著述。其主要著作有《飞行故事》、《飞行员与飞机》、《空战》和《陆军飞行员》等。

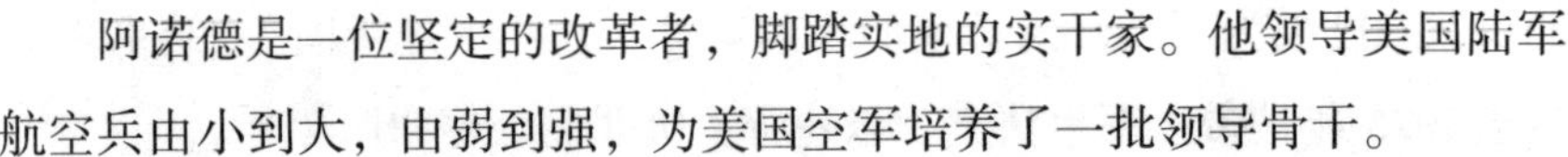

1931 年，阿诺德开始负责马奇机场的建设工作。他将其作为实验场，把自己关于空军建设的观念付诸实施，并积极与各方合作，扩大空军的影响。1934 年，阿诺德率十架轰炸机组成的编队从华盛顿直飞阿拉斯加，并安全返航，全程 18000 英里，因此获胜利勋章。一年后，他晋升为准将，任第一航空联队队长。1938 年 9 月，晋升为少将，任美国陆军航空兵司令。

阿诺德是一位坚定的改革者，脚踏实地的实干家。他领导美国陆军航空兵由小到大，由弱到强，为美国空军培养了一批领导骨干。

随着第二次世界大战的临近，阿诺德通过各种途径向罗斯福总统发出呼吁，要求扩充空中力量。

二战爆发后，德国空军在欧洲闪电战中的作用和威力也日益为人们所认识。1940 年 6 月法国战败后，罗期福下令生产 5 万架飞机以保卫西半球的安全。战争为实现米切尔和阿诺德的理想提供了绝好的机会。

1940 年 10 月，阿诺德升任负责航空兵事务的陆军副参谋长兼陆军航空兵司令，陆军航空兵的地位得到了提高。1941 年 7 月，美国陆军航空兵改组为陆军航空部队，下辖数个航空队，仍由阿诺德指挥。1941 年 12 月，阿诺德晋升为中将。1942 年 3 月，因为美国陆军再次改组，陆军地面部队、陆军航空部队和陆军后勤部队成为陆军的三大组成部分，阿诺德改任美国陆军航空队司令。

美国正式参战前，英国对德国后方的轰炸已持续一段时间，由于力量不足，效果并不明显。

1943 年 1 月，盟国召开卡萨布兰卡会议，研究对德战略问题，批准了阿诺德提出的加强从空中打击德国的建议。1943 年 3 月，阿诺德晋升为上将。5 月的华盛顿会议再次确定，盟国对轴心国发起海上攻击的同时，战略轰炸也要作为重要的打击手段。此后，大批的美国轰炸机部队在英国集结，并组建专门实施对德国轰炸的美国陆军第 8 航空队。在阿诺德的影响下，美国战前就开始生产被称为“空中堡垒”的 B－17 远程轰炸机，而更新式的战略轰炸机也很快投入生产。

1943 年 8 月和 10 月，第 8 航空队对施魏因富特实施了两次集中轰炸，同时，还发动了对普洛耶什油田的空袭。美军以惨重的代价取得了胜利。此后，阿诺德吸取教训，组织了规模庞大的防卫护航编队发动了对柏林的空袭。在此之后，美军的飞机性能有了很大的提高，为胜利打下了基础。阿诺德利用轰炸机和战斗机的配合，屡建奇功。

为尽快打败日本，阿诺德于 1944 年领导组建了陆军第 20 航空队，装备 B－29 巨型远程轰炸机，对日进行战略轰炸。

广岛长崎遭袭后惨景

1944 年 12 月，阿诺德获得陆军五星上将军衔。1945 年春，阿诺德命令将轰炸使用的普通炸弹改为汽油燃烧弹，这种轰炸使包括东京在内的许多城市化成火海。日本民众首先感受到的打击不是来自海上，而是来自空中。城市瘫痪了，居民纷纷逃到乡下。因此，在美国参谋长联席会议讨论最后对日本本土战略之际，阿诺德毫不迟疑地提出，无须陆军和海军去发动那种伤亡巨大的登陆作战，他的战略空军足够解决问题。

1945 年 8 月，虽然阿诺德认为没有必要，但还是奉命下令在广岛、长崎扔下了两颗原子弹，没几天，日本便宣布无条件投降。

1943 年 3 月，阿诺德晋升为上将。1944 年 12 月，阿诺德获得陆军五星上将军衔。

战争期间，阿诺德指挥着世界上最庞大的空中力量，包括 15 个航空队（下辖 234 个作战航空大队），共计 250 万人，约 7 万架飞机。

加利福尼亚州城市风光

阿诺德有个广为人知的绰号“快乐的阿诺德”。他性格外向，活泼

开朗，笑口常开，深得部下和同事的喜爱。

1946 年，阿诺德从美国陆军航空队退役。就在他退役后的第二年，美国国会通过《国家安全法》，正式批准陆军航空队脱离陆军，组建独立的美国空军。阿诺德终身为之奋斗的理想成为现实，并因此而被改授美国空军五星上将。

1950 年 1 月 15 日，64 岁的阿诺德在加利福利亚的索诺马去世。

“铁锤”将军

约翰·约瑟夫·潘兴（1860—1948 年），美国欧洲远征军司令、陆军参谋长，美国著名军事家，美军历史上第一位五星上将，又称“铁锤将军”。

年轻时的约翰·约瑟夫·潘兴

1860 年 9 月 13 日，潘兴出生在美国密苏里州林恩县拉克利德镇的一个遥远小村中的普通家庭里，父亲是南部联邦军的一位退伍军人。潘兴是家中 9 个孩子中的老大。

年轻时的潘兴勤奋好学，小学毕业后，考入师范学校。师范学校毕业后，潘兴没有去当教师，而是瞒着年龄报考了美国陆军军官学校（西点军校）。潘兴报考西点军校的另外一个原因是西点还可以提供免费的高等教

育，比他原来所进入的密苏里师范学校更为优秀。1882 年，他被军校录取。潘兴一生长达 56 年的军事生涯就此拉开了帷幕。

潘兴在军校里表现出色，他训练刻苦，成绩优异，因此被推选为班长和学员队长。毕业时在 77 名毕业生中名列第 30，在班上是一位公认的领袖，曾任学生团的第一上尉。

1886 年，潘兴从西点军校毕业，并授予少尉军衔，前往第 6 骑兵团任职。骑兵部队是军事力量中的生力军，潘兴被分到这里应当说前程远大。

从 1886 年到 1891 年，潘兴在新墨西哥和南达科他州的边境上服役，不久，便参加了新墨西哥州和南达科他州剿灭印地安人的行动。

西进运动

印地安人是美洲的传统居民，他们世世代代生活在这片土地上。然而，美国建国后，为夺取更多的土地，同印地安人的矛盾逐渐激化。19 世纪初叶，大规模的“西进运动”开始，美国政府以武力为后盾，驱赶和屠杀印地安人并霸占他们的土地，印地安人为保卫家园，进行了英勇悲壮的抵抗。

1890 年，美国历史上最后一次大规模的印地安人反抗斗争爆发。当时美国陆军决定用骑兵去讨伐印地安人，即美国称为的“鬼跳舞叛乱”。潘兴随部队上了前线，这是他参加的第一次战斗。

1891 年，潘兴调任内布拉斯加大学的军事科学教授，同时也在该校获得学士学位，因为陆军这一行的前途并不太光明，所以此时的潘兴想改行去当律师。

1897 年，潘兴被调到母校——西点军校，在这里他当了 2 年的战术教官，因为太严厉，所以不太受学生欢迎。

美国战列舰“缅因”号

1898 年 2 月 15 日，在古巴哈瓦那港口，停泊在这里的美国战列舰“缅因”号因突然发生猛烈爆炸而沉没，死伤 300 余人，酿成震惊世界

的惨案，该事件直接导致了美西战争的爆发。潘兴也结束了他的教官生涯，再次走上战场。潘兴奉命率领黑人骑兵团参加作战。在埃尔卡纳和圣胡安山战役中，潘兴与西奥多·罗斯福的第一义勇骑兵团并肩作战，并结下深厚的战斗友谊。

美西战争是新老殖民地的战争。在海军炮火的掩护下，美军在圣地亚哥以东登陆，登陆 4 天后美军抵达关塔纳摩郊外。在争夺城东制高点的战斗中，双方展开激战。这场战役，美军损伤 1.7 万人，这是战争中美军伤亡最大的一次。在美西战争中，潘兴表现极为英勇。战争结束后，上级给他的评价是："潘兴是我见过的炮火底下最冷静的人。"

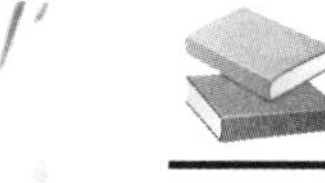

菲律宾棉兰老岛风光

1899 年美西战争结束时，美国正在进行对菲律宾的殖民战争。潘兴被再次派往菲律宾，在军中任副官。这是他 3 次到菲律宾（其他 2 次分别是：1907 到 1908 年，1909 到 1913 年）的第一次，大部分时间他都在棉兰老岛。在此期间，潘兴所表现出来的除了勇敢和精悍有为之外，还有他成熟老练的政治才能。他指挥镇压了摩洛族人民的武装起义，并于1903年绥靖了棉兰老岛的摩洛人，成功地巩固了美国在菲律宾的殖民统治。

1904年至1905年，潘兴任美国驻日本武官。1904年日俄战争爆发后，他兼任日俄战争的军事观察员，其间，他又作为美军军事观察员到过中国东北。

约翰·约瑟夫·潘兴（1917年摄）

日俄战争是在中国领土上进行的一场帝国主义战争。最后，年轻的军事强国日本战胜了沙皇俄国，这给潘兴留下了深刻的印象。从此他开始思考美国的军事战略和方针。

1903年，潘兴回到美国，仍然还是一名上尉，并且立即与华伦小姐发生了恋情。华伦小姐比他小好几岁，是华伦参议员的掌上明珠。华伦参议员是一位富有的农场主，同时又是参议院军事委员会的主席。1905年1月潘兴和华伦小姐举行了一个豪华的婚礼，当时的总统西奥多·罗斯福和许多政要都参加了这场婚礼。

为了奖赏潘兴，西奥多·罗斯福总统破格把他从上尉直接提升为临时准将，成为美国历史上唯一的由上尉军衔直接晋升为准将的军人，并让他出任棉兰老军区司令和摩洛省省长。1913年，潘兴从菲律宾返回美国。

潘兴从上尉跃升为准将，当时批评他的人都认为他是靠裙带关系；但实际上，他在尚未与华伦家族发生关系前就早已获得推荐。他在菲律宾的成绩优异，回国后调新成立的总参谋部服务也表现卓越，以后又毕业于陆军军事学院的第一班。所以陆军中的将领，除一人以外，全体都在 1906 年保荐他升任准将。

罗斯福总统的任命，使名不见经传的潘兴跻身于美国的高级将领行列，得以进一步施展才华；同时也使舆论哗然，纷纷盛传他靠华伦飞黄腾达。有些心怀不满的军官还散布流言蜚语，诋毁潘兴。其实，岳父并没有为潘兴去争取什么，潘兴的成功完全来自他自己的努力。

当潘兴在 1906 年升官后不久，菲律宾和美国的报纸就造他的谣言，说他在菲律宾有一个私生子，潘兴对于这种指控虽立即予以驳斥，并且还引用许多证明，但是流言始终不息，并且也使他在 1912 年未能接任西点军校校长。潘兴秉性风流，和女人的韵事颇多，所以甚至于连他的朋友对于此种指控也感到将信将疑。不过在他婚后的阶段，潘兴的确还是一位忠实的丈夫。

1913 年，潘兴三度从菲律宾回国，调任驻旧金山的第 8 旅旅长。

1915 年，潘兴家中发生火灾，潘兴的太太和 3 个女儿都被大火烧死，只有一个儿子侥幸逃出保住了性命。伤心的潘兴，后来说道："当时我几乎感到人生已无可留恋，我唯一排遣的方法就是拼命地工作，使每一分钟都不空闲。" 1916 年至 1917 年，美国再次武装干涉墨西哥。潘兴率远征军出征墨西哥，从而在美国军界一举成名。潘兴在 1916 年到 1917 年之间，所专心致力的工作就是追剿墨西哥土匪弗朗西斯科·维拉。由于美国占领墨西哥维拉克鲁斯，加剧了墨西哥人的反美情绪。1916 年 3 月 9 日，墨西哥人维拉率兵突袭美国新墨西哥州哥伦布城，杀死了 18 人。3 月中旬，美国陆军部派了 5000 名正规军，在潘兴的率领下跨过边境，追击维拉的军队。但美军的入侵激起了墨西哥人极大的愤怒，追击行动十分艰难。这种追剿实在是劳而无功，但对于美国的正规陆军，以及被动员的国民兵，多少能提供若干训练和对战争的准备。同时对于潘兴个人，也提供一种指挥相当数量兵力（1.2万人）的宝贵经验，这也是他所指挥过的最大兵力。

约翰·约瑟夫·潘兴

1916年4月12日，潘兴的部队同墨西哥部队在帕拉尔发生了小规模的战斗，墨军要求潘兴撤退。潘兴的参谋长斯科特少将等人在艾尔帕索同墨军事首领阿尔瓦罗·奥伯雷贡举行了会晤，同意在墨军控制住维拉后，逐步撤走潘兴的部队。维拉对此协议嗤之以鼻，袭击了德克萨斯州的格伦斯普林斯。墨军要求美军撤回部队，如果潘兴不撤军，就以战争相威胁。而美国政府又以维拉威胁着美国的城镇而不愿意撤走潘兴的部队。而此时，潘兴率领1.2万正规军已深入墨西哥腹地，由于兵力补给在进入墨西哥后，时常受到当地游击队的袭击，使潘兴深感指挥如此小规模的战争都十分困难。

面对这种处境，潘兴仍忠于职守，苦苦支撑。因而进一步巩固了他在政治家们心目中的地位。当陆军少将范斯顿去世后，潘兴晋升为少

将，继任墨西哥边境司令。就是在这时，他获得了“黑桃杰克”的绰号，即扑克牌中的黑桃十一点，在当地是精明强干、睿智练达的意思。人们送潘兴这个绰号，所取的就是这层意思。这个绰号也就一直为他所保留。在美国人眼里，他飘忽不定，出没在墨西哥的深山丛林之中，这正是美国人关于战争的理想人格。

1917 年 2 月，美国陆军部发布命令，授予潘兴陆军少将军衔。

1917 年 4 月，美国对德宣战，并决定组建远征军，开赴欧洲西部战线作战。潘兴被任命为驻欧远征军司令。对于美国远征军的指挥官，潘兴是唯一的理想人选。他唯一的劲敌吴德虽然在欧洲的知名度要比潘兴高，但却从未受到美国当局的认真考虑。因为吴德在政治上有亲共和党的倾向，所以不为民主党政府所用，而且他头部曾受重伤也影响其健康。

1917 年 5 月，潘兴带领 60 名参谋人员、67 名士兵和 32 名战地人员乘“波罗的海”号轮船出发前往法国，并计划成立一支百万人的大军。

m26 潘兴重型坦克

潘兴选择的参谋长是哈伯德少校。此人并非西点军校出身，而是从

士兵中崛起的军官。潘兴认为他目标远大，堪负重任，便顶着来自各方的压力，启用了他。

到达法国一个月之后，当他眼看着联军已经精疲力竭（法军部队刚刚发生叛变），就到前线巡视。这次出巡使他感到，无论是体力上、技术上，还是从精神上，美国军队对这场战争还全无准备。“必须不顾一切让军队晚一点开赴前线，先让他们学会躲子弹。”潘兴说。

这时，塞伯特将军率领的美国第一步兵师抵达法国。和潘兴相比，美国士兵的想法则全然不同。他们无忧无虑，渴望战斗。一些曾跟随潘兴在墨西哥作过战的老兵以为这场战争也会很快结束。新兵则想拣个便宜仗，好回国抖抖威风。越是这样，潘兴越感到忧虑。

在当时，美国还没有现代化的参谋部，陆军部又比较弱，因而战场司令官大都比较能干，权力也很突出。华盛顿同潘兴的驻法司令部之间的遥远距离，势必会提高这位将军的职权。而潘兴也确实把他的权力扩大到了最大程度。潘兴前往法国上任时，政府和陆军部的特殊情况，更进一步确立了潘兴近似独立总督的地位。

潘兴认清了美国在这场战争中应该有巨大的贡献，于是他要求“至少”应有300万人。有很长一段的时间，美国只有零星的兵力送往法国，国内对战争的努力是既不协调又无效率，几乎所有一切东西不是短少就是完全缺乏。直到6月底才有第一批部队到达圣纳则尔，在名义上虽然叫做正规军，但实际上却夹着许多老百姓，因为美国的正规军为数实在太有限，必须保留一部分正规军在国内充任训练新兵的任务。

潘兴是一位雄心勃勃、为人严厉、政治上十分老练的军官。他找到法国司令福煦和英军司令黑格，说美军需要休整，暂不能派赴前线。潘兴的话使两位元帅感到震惊！潘兴决定要重建美国军队。

根据欧战的经验和阵地战的实际需要，潘兴认为应该扩大军队编制。每师增至2.8万人，是德国、英国和法国师人数的两倍。

他的改革措施相继出台。他参照英法的参谋制度，设立了参谋部，以加强军队的集中统一。潘兴在法国建立了一整套军官训练计划，其内容从武器的使用到参谋的职能，无所不包。如同对军官的严格要求一样，潘兴也没有忽视对士兵的要求。他坚持以西点军校的标准要求美国远征军，并且尽自己的最大努力，在纪律、训练、军容风纪和服装上，执行严格的规定。潘兴不允许部队经营妓院，还在部队中掀起了反酗酒运动。

对美国远征军进行训练使得美军在法国的活动十分紧张。经过对英法军队战略技术的分析，潘兴强调美国远征军不应采用欧洲式的“堑壕战”战术，而应采用“野战”战术。潘兴要求部队实行大集团进攻，强调使用步枪火力和炮火支援，他希望部队能做好在开阔的乡村地带作战的准备。

约翰·约瑟夫·潘兴（1919 年）

潘兴善于在战争中学习，推崇现代武器的威力，也深知疏散队形、流动战术以及惩罚性炮火支援的价值。但是，由于他的急于求成和下属军官中许多人的肤浅，往往造成对他的战术思想只作字面上的理解，所以在最初的几次出击中，美军大败而归。英国和法国的观察员亲眼看见美国士兵成排地饮弹毙命，恰如大战初的英法士兵。直到后来，经过战火的洗礼，美军才改变了战略技术。

然而，正当潘兴全力进行改革之际，战场的形势发生了变化。

于是，英法两国同美国就运输和军队混编的问题进行谈判。关于军队混编问题，美国远征军司令潘兴态度强硬，甚至超过那些向他下达命令的文职官员，他不同意把美军分散在英法军内行动。并始终没把美军编入联军。

1918 年初，苏德布列斯特合约签订，俄国退出了战争。德国得以把东线 40 万军队调到西线，从而取得了有利的战争态势。1918 年 3 月 21 日，德军对英国第 5 军团发动了一场巨型攻势，德军所谓的“皮卡迪三月攻势”已在紧锣密鼓地部署之中。面对德国人即将发动的强大攻势，英国和法国的首脑们迫切希望美国增派大批士兵。于是潘兴把第 1 步兵师的所有军官召到设在巴西尼地区肖蒙镇的司令部，告知他们，一场规模宏大的联合反击战就要开始了，世界大战的成败在此一役。

第二次马恩河战役

在5月底和6月初有两件大事，对于潘兴和他所主张的独立美军都有重要关系。第一是美军在康提格尼和贝莱奥森林所打的硬仗，第二是最高战争会议在凡尔赛召开。

1918年7月，潘兴派出5个师14万人参加第二次马恩河战役。9月，指挥美第1集团军独立实施圣米耶勒战役和默兹－阿戈讷战役。10月，潘兴任集团军群司令，所辖部队增至200余万人。11月初，率军协同英法联军对德军发动总攻，突破兴登堡防线，迫使德国投降。

因为对军容风纪的要求几乎严格到令人忍无可忍的地步，所以敬畏他的部属私下里称他为“巩怖的杰克”。潘兴是一个完美主义者，甚至在退出现役后，他也是以一个正规军人的姿态——腰板笔直、服装挺刮、马靴锃亮、军人礼仪规范、举止一丝不苟，出现在公众面前的，直到去世的那一刻。同时，“严以律已”的潘兴并不“宽以待人”，他要求他的部下也得和他一个样。他认为，军人和民兵的区别就在于是否有严整的军容，只有有了严整的军容，才能像正规军人那样作战，才能取得胜利。

但是，潘兴治军从不搞“花架子”。他特别重视训练工作，强调训练要从实战出发。参加第一次世界大战前，美国陆军主要是按照美国内战时期的作战经验进行训练。参战后潘兴不仅借英、法、德军的经验，要求部队必须进行堑壕战的战术训练，要求参战美军克服英法军队困守堑壕战线的消极思想，加强“火力与机动”的突破战术训练。

在第一次世界大战同盟国与协约国斗得筋疲力尽之时，美军作为有生力量踏上欧的土地，他们的使命就是帮助英法军队击败德军。但潘兴却不急于投入战斗，而是认真地进行战前训练，这可把在堑壕里苦战的英国人和法国人急得不得了。就连潘兴的参谋也提醒他：“我们的训练计划需要的时间太长了，会使人们感到德国人的预言是正确的——在英法军队垮台之前，美军到不了前线!”谁知潘兴只冷冷地丢下了一句话：

“我不知道德国人的想法，我只知道没有受过训练的士兵打不了仗!”

潘兴这种严谨的作风，令同他打过交道的美国政治家无不钦佩。

可是，英法两国的政治家和军事家却不喜欢潘兴。当潘兴率领美国远征军边开进、边训练抵达战区后，他的英法同行才真正意识到他的厉害。英法原来打算只将美军作为加强力量使用，不给其独立指挥权，只让美国扮演配角。但潘兴识破了英法的政治意图。在一次联军会议上，他当着英国首相劳合·乔治和法国总政克里孟梭的面，申明美军必须有独立的作战方向，自己必须独立地指挥美军作战。在他的积极争取下，英法只得同意美军保持战场上的独立性。

潘兴的战略意识换取的独立作战指挥地位，为一战后美国在国，际事务中建立自身的军事地位奠定了坚实的基础。因此，当他作为一名具有战略家眼光的英雄凯旋归国时，受到了美国民众的热烈欢迎，并于1919 年 9 月被授予美国开国以来头一个陆军五星上将军衔。

美国五星上将的军衔标志

从1921年起，潘兴任美国陆军参谋长。1924年退役，任美国战争纪念委员会主席。在联盟战争中主张保持美军作战的独立性，并力图摆脱依托深沟高垒的阵地战打法，有“铁锤”之称，是美国历史上堪称“伟大的军人”之一。美军中至今仍有以他的名字命名的新式中程导弹（“潘兴”Ⅰ式和“潘兴”Ⅱ式导弹）。

1948年7月15日，潘兴逝世于哥伦比亚特区华盛顿市华耳特里德医院，安葬在哥伦比亚特区华盛顿市阿灵顿国家公墓，享年88岁。

M26 潘兴坦克

陆军上将克拉克

马克·韦恩·克拉克（1896—1984 年），美国陆军上将。二战时期美国陆军地面部队参谋长、美国第 2 军军长、北非登陆盟军最高副司令、美国第 5 集团军司令和第 15 集团军群司令，战后任联合国军总司令兼远东美军总司令。

1896 年 5 月 1 日，克拉克出生在美国纽约沃特敦的军人家庭。从语法学校、拉西恩学院的初级学校和高级学校毕业后，因父亲前往驻中国天津的美国第 15 步兵团任职，远离父母的克拉克进入布雷登预备军校，决心走父亲从前走过的路。

马克·韦恩·克拉克

1913 年 6 月，克拉克考入西点军校，与后来均成为美国陆军参谋长的约瑟夫·柯林斯和马修·李奇微成为同班同学和亲密朋友。集父亲的勤奋稳健和母亲的丰富想象于一身的克拉克，通常凌晨 4 点就起床学习，以求广博

的知识积累；刻苦训练，军人素质养成获得“很好”评语；参加体育活动，犹喜网球、高尔夫球和乒乓球。不过如果仅就考试成绩而言，克拉克是难以列入优秀学员之列的，因为他的成绩在139名毕业学员中名列第110位。

1917年4月，克拉克从西点军校毕业，获得少尉军衔。两个月后，以中尉临时军衔被任命为驻佐治亚州的11步兵团E连排长。8月，临时军衔晋升为上尉。同年12月，因病休假达6个月的克拉克被任命为K连连长。

1918年5月，克拉克随美国远征军来到法国，参加世界大战。6月12日晋升为营长，但两天后即因在作战中负伤而住院治疗。同年8月，出任美国第1集团军补给处参谋。次年4月，改任安特卫普陆军军邮局局长。

美国内布拉斯加州一景

1919年5月，克拉克返回美国，3个月后赴驻明尼苏达州的第49

步兵团任职。11 月，晋升为上尉。1920 年 3 月，转赴内布拉斯加州任职。1921 年 1 月，克拉克被任命为根据陆军部长的指示而实施的平民军事训练计划“肖托夸旅行”的队长。

1921 年 11 月，克拉克来到华盛顿，成为助理陆军部长办公室销售促进处处长助理，从事出售陆军财产及和平时期不再需要的设施活动。1924 年 5 月 17 日，克拉克与莫琳·杜兰在华盛顿结婚。同年 7 月，考入位于佐治亚州本宁堡的步兵学校接受高级培训，1925 年 7 月毕业，前往驻加利福尼亚州普勒西迪奥的第 30 步兵团任连长。次年 1 月，克拉克因患胆囊炎而住进莱特曼陆军医院，接受治疗达三个月。

素以要求严格和作风严肃著称的团长弗兰克·博尔斯发现了克拉克的才能，认为他很有培养前途，遂于 1926 年春季任命克拉克为陆军消费合作社军官，实际上就是他的非正式副官，予以言传身教。1928 年春季，博尔斯任命克拉克为驻怀俄明州拉塞尔堡的第 4 旅执行官。博尔斯在年度评语中称不负其所望的克拉克为“可望获得最高成就的军官”，业已达到胜任上校军衔的水平。

1928 年 8 月，克拉克的健康状况恶化，被迫进入费兹西蒙斯陆军医院接受胆囊切除手术。1929 年春季，克拉克被任命为印第安纳国民警卫师教官。上述原因再加上随后来临的经济大萧条，使得克拉克一度考虑是否应该退役，而数家地方公司也愿高薪聘用。可是，克拉克最后还是决定留在军内。

1931 年，克拉克得到医生的警告：因患有器质性心脏病而不适于野外服役。但克拉克并没有被疾病所吓倒，其工作能力和工作成效历来为上司所肯定。1933 年 1 月，克拉克晋升为少校。

1933 年 8 月，克拉克进入位于驻堪萨斯州利文沃思堡的陆军指挥与参谋学院深造。当时该院负责培养未来的军长、师长和高级参谋人员，课程强调战区部队的组织、补给和机动。克拉克在此获益非浅。

1935 年 9 月克拉克毕业，来到得克萨斯州的第 2 师（师长博尔斯少将），出任主管作战训练处的助理参谋长。同年 10 月，随着博尔斯升任驻内布拉斯加州克鲁克堡的第 7 军防区司令，克拉克改任该防区主管情报处和作战训练处的助理参谋长以及主管平民预备役的副参谋长。1936 年 8 月，经过博尔斯的大力推荐，克拉克进入华盛顿陆军军事学院深造。

1937 年 7 月，克拉克被分配到驻刘易斯堡的第 3 师，出任主管情报处和作战训练处的助理参谋长。因为师长和参谋长年事已高，克拉克得以放手试验他所赞同的战术理论和野战观念，并经常与当时在该师任旅长而稍后升任陆军参谋长的乔治·马歇尔讨论作战训练计划。在此期间克拉克仅与艾森豪威尔有过一面之交，但两人一见如故。任内，克拉克组织指挥了第 3 师实施卓有成效的训练和演习。1940 年 7 月，克拉克晋升为中校。

1940 年 8 月，克拉克调任美国陆军总司令部参谋，1941 年 6 月升任主管作战训练的助理参谋长，8 月晋升为准将，同年 12 月出任主管训练的副参谋长，成为陆军总司令部参谋长莱斯利·麦克奈尔在组织指导部队训练方面的得力干将，他对大批军官的指挥能力和部队的作战能力了如指掌。

乔治·马歇尔

1942 年 3 月，美国陆军实行改组，陆军总司令部撤销，组建陆军地面部队、陆军航空部队和陆军后勤部队。克拉克被陆军地面部队司令麦克奈尔任命为代参谋长，稍后于 4 月晋升为少将和陆军地面部队参谋长。在随艾森豪威尔等人赴英国考察之后，克拉克于 6 月被任命为驻英国的美国第 2 军军长，与欧洲战区美军司令艾森豪威尔共事。克拉克在英国的索尔兹伯里创建两栖登陆作战训练中心，集中精力训练所属部队和制定欧洲登陆作战计划。

艾森豪威尔

1942 年 8 月，克拉克被任命为远征法属北非的盟军司令部最高副司令，负责组织制定详细计划。根据美国总统驻北非的私人代表罗伯特·墨菲提供的情报，克拉克率 4 名得力军官于 10 月 18 日至 25 日乘潜艇秘密前往阿尔及利亚，代表盟军与法属北非高级军政人员谈判以避免流血登陆。此行取得一定成效，克拉克后来因此获得优异服务十字勋章。同年 11 月 5 日，克拉克跟随艾森豪威尔前往直布罗陀开设盟军司令部。11 月 8 日，登陆北非的“火炬”计划开始实施。11 月 9 日，克拉克前往阿尔及利亚与法属北非当局谈判。10 日，开始与法属北非高级专员弗朗索瓦·达尔朗海军上将谈判，并安排在阿尔及利亚和法属摩洛哥的停火。11 日晋升为中将。11 月 22 日签署克拉克—达尔朗协定，法属北非保证援助盟军以对付共同的敌人，盟国则保证解放法国并保留法属北非政权。该项协定得到美英联合参谋长会议批准。

1943 年 1 月，艾森豪威尔根据马歇尔的授权，任命克拉克为驻北非的美国第 5 集团军司令，而马歇尔又向克拉克赋予额外的职责，即充当英国首相丘吉尔的首席美国军事顾问。克拉克对这种政治—军事联络工作并无兴趣，但为了第5集团军又不得不经常往返于北非和英国之间。

1943年7月，西西里战役开始后，克拉克奉命制定进攻意大利本土的“雪崩”作战计划。鉴于较为理想的登陆地区加埃塔在空军可以提供掩护的范围之外，克拉克退而求其次，将登陆地区定为萨勒诺。盟军实施的西西里战役和意大利抵抗力量组织的游击战迫使意大利政府于1943年9月3日签署无条件投降协定。盟军于9月8日宣布意大利投降的新闻。

进攻意大利本土的盟军为亚历山大指挥的第15集团军群，下辖克拉克的美国第5集团军和蒙哥马利的英国第8集团军。

蒙哥马利

继9月3日蒙哥马利率部渡过墨西拿海峡之后，克拉克的美国第5集团军（管辖道利的美国第6军和麦克里里的英国第10军）在休伊特海军中将指挥的450艘舰船的搭载下，于9月9日凌晨在萨勒诺湾实施登陆作战。南线德军总司令凯塞林将所属的8个师中的6个师编组为第10集团军，在萨勒诺重点设防。美国第6军遭到德国陆军和空军的猛烈抵抗，军长道利显得有些惊慌失措。克拉克最后只得接受卢卡斯代替道利任军长。直到10月1日，克拉克部才占领那不勒斯。再经一周激战，克拉克才攻至沃尔诺河一线。德军从此线撤退后，克拉克率部于11月5日开始进攻古斯塔夫防线的前哨防线，因气候恶劣、公路受损和德军的抵抗强烈而进展不大。11月21日，希特勒下令解散隆美尔的B集团军群，将意大利的德军合编为C集团军群，以菲廷霍夫的第10集团军和马肯森的第14集团军为主力，由凯塞林任总司令。

克拉克从12月2日起在亚平宁山脉发动新的攻势。第1阶段由英国第10军和凯斯的美国第2军实施，第2阶段由美国第2军和第6军实施。但直到1944年1月，付出惨重代价的克拉克部仍未能到达拉皮多河和古斯塔夫防线的前沿阵地。过分强调“没有安全，就不前进”，给人们带来的教训是极其深刻的。

根据集团军群司令亚历山大的计划，克拉克将于1月20日前后向古斯塔夫防线发起进攻，以英国第10军和法国军的冲击吸引德国第14装甲军大部，渡过拉皮多河出击的美国第2军则趁机进据利里盆地；上述主要突击得手之后，美国第6军便在防线背后的安齐奥实施登陆作战，分散德军力量；主要突击部队乘势突破古斯塔夫防线。

正面的突击成效不佳，安齐奥的登陆则极为成功。鉴于德军对此反应迅速，克拉克命令美国第6军先集中力量巩固滩头阵地，然后向内陆进攻。1944年2月，克拉克任命特拉斯科特为第6军军长，顽强地挡住了德军的强大攻势。为谋求攻克古斯塔夫防线，克拉克命令美国第2军和新西兰军先后3次对卡西诺发起进攻，但均未能成功。因此，对卡西诺的进攻被称为克拉克的“最黑暗的时刻”。

哈罗德·亚历山大

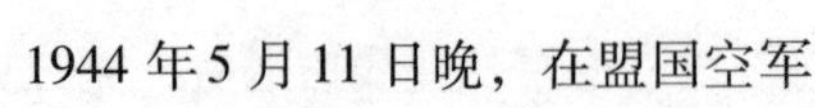

1944年5月11日晚，在盟国空军的协同轰炸之后，盟军春季攻势开始。克拉克率部穿过加里利亚诺山区，突破古斯塔夫防线，攻入奥森特盆地；美国第2军趁机沿海岸公路挺进，美国第6军也从安齐奥向北突进。5月30日，美军占领阿尔班山地的韦莱特里并攻破凯撒防线。克拉克率第5集团军发起总攻，美国第

2 军占领瓦尔蒙托内并沿 6 号公路直捣罗马，美国第 6 军大部则沿 7 号公路予以支持。6 月 4 日，克拉克率部进占罗马。

在亚历山大指挥的为突破哥特防线而实施的“橄榄”作战中，克拉克率部于 9 月 10 日起发动猛烈进攻，激战一周后攻破哥特防线，直指波伦亚。

1944 年 12 月 16 日，克拉克继亚历山大之后升任第 15 集团军群司令，下辖特拉斯科特的美国第 5 集团军和麦克里里的英国第 8 集团军。1945 年 3 月，克拉克晋升为上将。

加利福尼亚州自然风光

克拉克根据亚历山大的意图制定出在雷诺河和波河之间围歼德军的作战计划：英国第 8 集团军先占领巴斯提亚—阿尔詹塔地区，再打开通往平原的道路，稍后数日再由美国第 5 集团军发起进攻，向北突进至波伦亚附近。此役从 1945 年 4 月 9 日开始实施，达成了合围菲廷霍夫的

德国C集团军群的目标。4月29日，德军代表被迫签署规定5月2日无条件投降的文件。

1945年7月至1947年5月，克拉克出任驻奥地利美国占领军司令兼盟军奥地利管制委员会美方代表。1947年6月，克拉克出任驻普勒西迪奥的美国第6集团军司令。1949年10月，克拉克成为美国陆军野战部队司令，驻弗吉尼亚。1952年5月，克拉克继李奇微之后出任联合国军总司令兼远东美军总司令，指挥朝鲜战争。1953年7月27日，克拉克代表联合国军签署朝鲜停战协定，事后承认自己“成了历史上签订没有胜利的停战协定的第一位美国陆军指挥官”。同年10月，克拉克退出现役。1954年3月至1965年7月，克拉克出任位于南卡罗来纳州的查尔斯顿军事学院院长。

查尔斯顿军事学院

1984年4月17日，克拉克在查尔斯顿去世。

群星云集

军火大王亨利·杜邦

亨利·杜邦，杜邦家族艾乐的次子，1812 年生，毕业于西点军校，在陆军技术部门服役。1834 年亨利的父亲艾乐因心脏麻痹，病逝在旅馆时，年仅 22 岁的亨利不得不辞职还乡，但对公司的事务却一无所知。

美墨战争纪念碑

亨利·杜邦与哥哥阿尔弗莱德及弟弟 3 人从不从公司领取薪水，也没有奖金，只是从公司的总帐中克扣一些必要的经费，而所有的盈利，都纳入公司利益共享。兄弟 3 人非常团结，在美墨战争1846—1848年的 3 年间，由于把高达百万磅的火药卖给政府，公司因此更加繁荣，甚至在战时还扩大规模，建设新厂房。位于白兰地河两岸的新厂房落成后，每天可生产高达 1 万磅约（4530 公斤）的火药。

但是，1850 年的爆炸惨案造成 18 位工人丧生，阿尔弗莱德遭此重大打击后，健康状况愈来愈差，于是把高级伙伴的职位交给亨利，6 年后阿尔弗莱德病逝，终年 58 岁。

黑火药

从陆军退役的亨利和热衷研究的大哥有本质的不同，是一位天生的事业家，直到他 77 岁生日前一天逝世（1889 年 8 月 8 日）为止，领导杜邦家族长达 39 年之久，创下杜邦家族中居领导地位最长的纪录。

亨利对政治颇为热衷，他参加了自由党，并不遗余力地支持自由党领导者。

亨利在接替大哥之位后，第一项工作就以加利福尼亚州淘金者挖出的金块作为目标，去开拓加州的市场，以拓展火药的销售渠道。第二项工作是把兄长阿尔弗莱德的长子，21 岁的艾尔提尔·艾乐二世带进公司，成为高级伙伴，并对他进行特别训练。

1857 年 8 月 20 日，哈格雷工厂爆炸，亨利热衷于实验的弟弟阿雷克斯在事件中重伤身亡，当时年仅 41 岁。

1857 年，亨利长兄的次子拉蒙试验一种从南美采来的贝壳状软石，成功地提出了孟加拉硝石的主要成份硝酸钾的代替物——硝酸苏打，并申请到美国政府的专利。

经研究得知，从贝壳状软石中抽出的硝酸苏打，也在宾州煤矿的石

联合国军总司令、美国陆军上将克拉克在《朝鲜停战协定》上签字

灰岩中发现。因此，亨利便在萨斯科哈那支流两岸一个被称做瓜普瓜洛的地方建立新工厂。

对杜邦公司来说，拉蒙的发现，最大的意义在于：原料离原产地的

距离大大缩短了，在美国大陆即可以得到，不需千里迢迢从孟加拉输入。在取得这项发明专利后，拉蒙立即动身去欧洲，到英法等国的兵工厂去观察、学习。

后来，拉蒙和美国陆军兵工厂专任技师托玛斯·罗得曼上尉研制出了一种可用于15英寸（约38公分）、16英寸（约40.6公分）或20英寸大炮上的火药，罗得曼上尉欣喜若狂把这种火药命名为巨型火药。

1862年3月8日在南卡罗莱纳州的罕普敦·罗得海一战中，北方军使用了拉蒙·杜邦制造的推进加速型火药的特制炮弹，只见新型的铁甲舰摩尼达号一时间炮火齐射，引起满天的烟雾，弗吉尼亚号来不及应战就已仓惶逃跑。

亨利坚守亡兄的遗言，拒绝生产除黑色火药以外的其他任何火药，他甚至打算在依阿华州这片新拓展的土地上，增建一个世界上最大的黑色火药工厂。

硝　石

在美国的第二次工业革命时代中出现了具有强破坏力的炸药，即黄色炸药，亨利长兄的次子拉蒙认为他是受到神的启示，他不顾亨利的反对，暗暗地进行黄色炸药的研究。因为黄色炸药的效率是黑色火药很多倍。

在战争结束后，政府打算把战时剩下的硝石原料拿出来拍卖，陆军兵器局的罗得曼赶紧把这个消息告诉亨利，亨利最终还是不得不加入政府的拍卖行列，杜邦公司即使用尽战时所有的利润，也要把政府拍卖的剩余火药全部购买回来。战时以每磅33分的高价卖给政府的杜邦火药，如今每磅只卖到5分钱。

美国的火药工业界终于变得混乱不堪，局面无法收拾。于是亨利召集各残存的火药公司，包括杜邦在内的3家大型公司和4家中型企业的负责人到纽约，打算成立火药工业协会，抑止使企业利益受损的削价竞争，避免主要市场生产及供应的过剩，在协会会员中实行销售额分配，排挤非本协会成员的企业或者违反本协会协议的企业，迅速使政府对南北战争中剩余商品的抛售行为中止，并且想法让议会通过有关租税处理的法案。

如果买通了哈萨德火药公司，只要再拜托东方火药公司或亚美利加火药公司，就可以取得24票到26票，那么杜邦公司就可以掌握这个协会的经营大权。这是亨利杜邦所打的如意算盘，经过事前的协商，拉蒙顺利地当上了协会会长，由哈萨德公司及拉福林和南德公司选派的常务理事担任副会长。

1873年，一次前所未有的不景气袭击了美国，为了开发加州的金、银矿藏而设立的加州火药公司濒临破产，被亨利杜邦买了下来；另外奥格斯塔火药公司也在亨利的掌握之下，就这样，亨利因不同地段定出不同的价码，逐步吞并弱小的企业。最后，为了收买拥有10票表决权也是三大企业之一的哈萨德火药公司，杜邦与拉福林和南德联合起来作战。拥有6票表决权的东方火药公司，因制造黄色炸药引起大爆炸时，杜邦公司与拉福林和南德公司分别取得了2/3及1/3的股权，亨利终于实现了他称霸火药企业界的计划，得到了26票的表决权。就这样，生产和销售组织非常严密的杜邦帝国诞生了。

内战时成立的加州火药公司，从1869年开始制造硝化甘油，它被内华达山的矿工们称为“黑色的赫克力斯”，旧金山的化学家吉姆霍顿在孟加拉硝石中，提取出硝酸钾，再把砂糖和二氧化碳放入其中，吸收了75%的硝化甘油，制成了白色火药，被霍顿命名为白色的赫克力斯，并且开始公开销售，当每磅黑色火药卖20美分时，白色火药竟卖到每磅1元75分的价钱。虽然高了点，但它在金银等矿开采方面，比黑色火药具有更强大的爆炸力。和杜邦公司一起垄断全美火药市场并且关系密切的拉福林和南德公司新上任的董事长所罗门塔克，在1879年秋天的时候，提出和拉蒙共同制造黄色炸药的建议。由于需要大量的白色赫克力斯，亨利买下了加州火药公司，准备大量制造需要量日益增长的黄色炸药。

杜邦公司与拉福林和南德公司合资建设的新厂是完全独立的里帕诺化学公司，新厂建成后，黄色炸药的生产量从1880年的50万磅约226.8吨，骤然增加到第二年的300万磅约合1360吨。

1884年3月29日上午10点钟左右，在贮存槽中20磅约9公斤的硝化甘油发生了爆炸，拉蒙当场炸死。事故发生后的第5年，也就是1889年的8月8日，亨利·杜邦也告别了人世，终年77岁。

原子弹研制的负责人

莱斯利·理查德·格罗夫斯（1896—1970 年），美国中将。第二次世界大战期间任美国陆军工程兵建筑部副部长、美国负责研制原子弹的曼哈顿工程区司令等职。

格罗夫斯，1896 年出生于美国纽约州的奥尔巴尼。1913 年考入华盛顿大学，1914 年转入马萨诸塞理工学院攻读工程学专业。1916 年，格罗夫斯获得推荐资格并顺利考入美国西点军校。1918 年以全班第四名的成绩从西点军校毕业，之后，格罗夫斯先后在美国本土、夏威夷、欧洲和尼加拉瓜的美军部队任职，1918 年至 1921 年在美国陆军工程兵学校学习。

莱斯利·理查德·格罗夫斯

1922 年 2 月 10 日，与格蕾斯·霍伯特·威尔逊结婚，后生有一子一女。1935 年至 1936 年在利文沃思堡的美国陆军指挥与参谋学院深造。1936 年至 1938 年任美国陆军工程兵部部长助理。1938 年至 1939 年在华盛顿

的美国陆军军事学院深造。

从陆军军事学院毕业后，格罗夫斯出任美国陆军建筑计划与供给部部长的特别助理。1940 年，格罗夫斯升任陆军工程兵建筑部副部长，军衔为上校。1942 年 9 月 23 日，格罗夫斯经陆军后勤部队司令布里恩·萨默维尔推荐，晋升为准将并正式就任美国负责原子弹研制的曼哈顿工程区司令。

曼哈顿工程区的保安工作，起初由美国陆军负责。至 1943 年末，格罗夫斯建立起自己的全套保安机构，任命小约翰·兰斯代尔少校负责。曼哈顿工程区接管保安工作的同时，还成立有一个特别的反情报组。格罗夫斯又担负起这个“额外的责任”。

原子弹轰炸后的广岛惨景

1944年春，格罗夫斯与奥本海默认为，有必要在原子弹正式投入战场前进行原子弹爆炸试验。1945年7月16日上午5点30分，原子弹试爆成功。

马歇尔将军

1945年7月23日，格罗夫斯为即将从海外作战基地提尼安出发的军事行动拟出最后的书面命令。格罗夫斯在备忘录中还预计了第3颗原子弹的生产速度。马歇尔将军和史汀生部长经杜鲁门总统授权而批准该项计划。

广岛成为第一个轰炸目标，因为日本陆军总部就在附近。1945年8月6日9时许在广岛上空投郑了第一颗原子弹。8月9日，第二颗原子弹投掷在长崎上空。8月15日，日本天皇通过广播宣布接受无条件投降条款。

史汀生

1947年，原子能事务移交给新成立的原子能委员会，格罗夫斯也就此完成他的历史使命。此后受命担任武装部队特种武器计划的负责人。

1948 年 1 月，此前已于 1944 年晋升为少将的格罗夫斯晋升为中将。同年 2 月即退出现役，出任雷明顿·兰德公司副总裁。1961 年重返华盛顿居住。1962 年，格罗夫斯出版回忆录《现在可以说了：曼哈顿工程区故事》。1970 年 7 月 13 日，格罗夫斯在华盛顿逝世。葬于阿灵顿国家公墓。

文 艺 殿 堂

世界侦探小说的始祖

埃德加·爱伦·坡，世界侦探小说的始祖。

埃德加这个刻有“天才”符号的名字，它的出现，代表着广博的才智、出众的想象力和惊人的洞察力。当他的心灵驰骋在想象的空间里，思绪在内心深处徘徊的时候，迸发出转瞬既逝的创作火花，宛如暴风雨夜划过的闪电，震动着每一个人的心灵。而他的才智又赋予这种创作火花以真实的色彩与不可磨灭的线条，让它至今仍闪烁着耀眼的光芒。埃德加的作品中充满了魔鬼般的气息，常常带有一种幽幻的恐怖之美。他对人性中黑暗、病态、畸形的一面，进行了极至的探索。把人类最原始的，对未知领域所感触到的恐惧和神秘感进行了很好的诠释。埃德加文中所体现出来的独特气质是和他的人生经历密切相关的。

埃德加·爱伦·坡

1809 年 1 月 19 日，埃德加出生在波士顿，其父大卫·坡在他出生后不久就离家出走，母亲伊丽沙白·阿诺于 1811 年 12 月 8 日在里其蒙病逝。埃德加被里其蒙商人约翰·爱伦夫妇收养，养母法兰西丝对他百般呵护，而养父约翰却对这个外来的经济负担十分不满，这使埃德加的童年常常处在一种不安全感里，渐渐促成了他日后孤傲又略带病态的性格。童年时期他常常从家里黑人女仆嘴里，听到许多关于死人复生之类的稀奇古怪故事，以及黑人在当时的一些悲惨遭遇。这些事情在那颗幼小又聪慧的心灵里烙下了深深的印记，在埃德加未来的创作中仍可看到这些故事的影子，如《亚夏古屋的崩塌》、《红死病之面具》等。

1815 年 6 月，埃德加随家人来到英国，并在一所私立学校开始了自己的学业。从 1815 年到 1820 年，埃德加的心志和体魄在学校的培养下进一步成熟，成了一名身体健硕、才智过人的少年。1821 年埃德加就读于约瑟夫·克拉克学校，1823 年至 1825 年在威廉·布尔克学校读书。

维吉尼亚大学

1823 年，埃德加与同学的母亲珍·斯塔那德相遇，她身上所拥有

的独特气质和善解人意的性格，深深吸引着年少时充满不安经历的埃德加。由于两人共有的细致独特的审美情趣，使他在与珍·斯塔那德的交流中感受到了从未有过的欢愉。可不幸的是，1824 年 4 月，年仅 31 岁的珍·斯塔那德由于疾病与世长辞，15 岁的他为此伤心欲绝，从此更加多愁善感，并常常在深夜被恶梦惊醒，只有在斯塔那德夫人坟前默默的哭泣，才能换来片刻的安宁。随着时间推移，埃德加心灵的忧伤渐渐抚平，埃德加与萨拉·爱蜜拉·罗埃斯特之间萌发了质朴又自然的爱情，她那少女初恋时的专注与热情温暖着埃德加的心。

1826 年 2 月 14 日，埃德加被维吉尼亚大学录取，临行前他与爱蜜拉交换了爱的信物并私定终身。在大学里，埃德加仍然成绩优异，并常常在宿舍里朗诵妙文佳句，精神生活空前丰富。可是生活上的困难与拮据，以及那一份份写给爱蜜拉的毫无回音的情书（由于父母的阻饶），鞭挞着他的神经，使他逐渐沉迷于赌博，并常常用酒精麻痹自己。由于欠债过多，他不得不在 12 月早早结束了大学生活。

维吉尼亚大学校园一景

返回里其蒙的埃德加无法与养父沟通，最终关系彻底决裂。1827年3月19日清晨，孤傲的他毅然结束了15年寄人篱下的生活，带着仅有的几件衣服和些许手稿踏上了四海漂泊的旅程，决心用自己的天赋与才智走出一条属于自己的道路。

波士顿自然风光

为了避债，埃德加使用假名漂流到了波士顿，一心想在这个文学之都展露自己的才华。可是5月自费出版的诗集《塔默兰》并没有取得成功，文学评论界反映十分冷淡，诗集的销量也差强人意（至今只有4册存世)，这使埃德加更加穷困潦倒。为了生存，他虚报年龄并化名埃德加·潘莱参军入伍，成为了一名炮兵，驻扎在波士顿港独立堡。这段时间的见闻丰富了他的写作素材，《金甲虫》便是以此为背景。由于他时常表现出文学上的卓越才能，很快便被调为文职人员，并于1829年1月提升为少尉卫军士长。但是军队平淡的精神生活无法满足他活跃的大脑，法定 5 年的服役期限对他来说更是苦闷又漫长的。

1829 年 2 月，埃德加的养母法兰西斯由于患病不治最终离开了他，这让生活艰难的他变得更加忧郁，更加孤寂。养父由于受亡妻之痛的影响，对他的态度稍有好转，甚至为他开介绍信使其顺利退役，并资助他赶赴华盛顿考取西点军校。在这期间，埃德加废寝忘食地投身于文学创作之中，并阅读了大量英德两国浪漫派的文学作品，进一步提高了自己的文学修养。他还频频与各个出版商和评论家接触，为出版自己的第 2 本诗集而努力。在受到了知名作家尼尔的肯定与鼓励后，更加坚定了他继续写作的决心。

1829 年 8 月怀着对亲情的渴望，埃德加找到了自己在巴尔的摩的姑妈玛利亚·克莱姆夫人，这让他漂泊以久的心灵再次找到了家的感觉。1829 年 12 月埃德加的第 2 本诗集《艾尔·阿拉夫，塔默兰以及其他小诗》在巴尔的摩出版。

名著欣赏：爱伦·坡短篇小说精选

1830 年 6 月埃德加进入西点军校，西点军校紧张枯燥的训练以及军事化的管理，侵蚀着这位文学天才的神经。只有在半夜，他才能把压抑在心中的词句倾泻在稿纸上。为了自己的文学追求，埃德加故意屡犯校规，最终在 1831 年 1 月被西点军校开除。身心获得解放的他于2月19日赶赴纽约继续他的文学生涯，并在3月出版了第3本《诗集》。

《诗集》出版后不久，埃德加回到了姑妈克莱姆夫人家，开始了他的短篇小说创作。为了生计，他参加了《星期六游客报》的短片小说与诗歌竞赛，并以《瓶中手稿》获得一等奖，受到了评审们很高的赞誉，从此在全美文坛上崛起，受到了广大读者的喜爱。1833年10月，巴尔的摩《星期六游客报》刊出埃德加的获奖作品《瓶中手稿》。1835年春，埃德加的短篇小说《贝伦尼卡》等四篇作品在里其蒙《南方文学信使》上发表。8月埃德加离开巴尔的摩到里其蒙这片伤心之地，出任《南方文学信使》助理编辑。他以广博的知识、锐利的洞察力以及辛辣的嘲讽成为家喻户晓的新生代批评家，并以自己的辛勤劳动把几乎倒闭的《南方文学信使》变为全美知名的一流刊物。

爱伦·坡作品《怪异故事集》

不久，埃德加便与表妹玛莉·杰佛罗相爱，并于1835年9月与13岁的表妹秘密订婚，克莱姆夫人作他们的唯一见证人。

可是由于酗酒，埃德加最后被《南方文学信使》解雇。

1838年7月，埃德加的中篇小说《亚瑟·戈登·匹姆海上历险记》在纽约出版。

1839年5月，埃德加在《绅士杂志》任助理编辑，工作了一年左右时间后离开。并在该杂志上刊登发表了短篇小说

《亚夏古屋的崩塌》和《威廉·威尔逊》。1839年11月，埃德加的二卷本短篇小说集《怪诞与阿拉伯风格的故事》在费城出版。

1841年2月，埃德加出任《格雷姆杂志》主笔，4月发表为侦探推理小说《莫格街凶杀案》，5月发表航海小说《大旋涡余生记》。

埃德加·爱伦·坡的墓碑

《莫格街谋杀案》的发表，标志着侦探推理小说的正式诞生，埃德加也被视为侦探小说的开山鼻祖。他所塑造的世界上第一个侦探形象——C·奥基斯特·杜宾，冷静而聪慧，具有很高的分析问题的独创性和逻辑性，面对种种恐怖诡异的现象抽丝剥茧，还原出案情的真实面貌。正如霍华德·海克雷夫特所认为的："这个杜宾也是埃德加的自我理想化身，因为他自幼聪颖异常，处处想表现自己的优越，所以就把杜宾写成具有超人智力、观察入微、料事如神的理想人物，为了衬托他的了不起，又借一个对他无限钦佩、相形见拙的朋友来叙述他的事迹，此外还写了一个头脑愚钝、动机虽好而屡犯错误的警探作为对比。作案地点一般安排在锁得严严密密的暗室；埋藏赃物罪证则用明显得出人意外的方法；破案过程则用逻辑严谨、设身处地的推理；然后有条不紊地迫使罪犯就范归案；最终再由主人公洋洋自得、滔滔不绝的解释其全过程。这已成为埃德加写侦探小说的模式。"他所独创的这种侦探小说的构成模式、主要人物的搭配形式以及分析手法和推

理步骤，被以后的侦探小说作者们沿用至今。

1842年4月，埃德加离开《格雷姆杂志》，并于5月发表了心理小说《红死魔的面具》。11月，《玛莉·罗杰奇案》开始在斯诺顿《妇女之友》杂志上连载。

1843年1月，《泄密的心脏》问世。7月，《金甲虫》在《美元报》刊出，获短篇小说优胜奖。10月，《埃德加·爱伦·坡传奇集》在费城出版。

1844年4月，埃德加的科幻小说《热气球轶事》在纽约太阳报刊出，引起轰动。1845年1月，纽约《晚钟报》率先刊出埃德加的诗作《乌鸦》，此诗使埃德加声名鹊起。

1845年10月，埃德加第4本诗集《乌鸦与其他诗作》在纽约出版。

从1846年至1949年，埃德加陆续发表和出版了《创作哲理》、《纽约文学家》、《乌鸦吕姆》、《我发现了》、《钟声》、《安娜贝尔·李》、《致安妮》、《唱针》等作品。

1849年9月29日，埃德加在巴尔的摩换乘去费城的火车，正好赶上立法委员会选举，当地的官吏雇佣土匪流氓“猎捕选民”，他们通常把猎捕的选民灌醉后强行拉去投票，可怜的埃德加就这样被“猎捕”了，10月3日，斯诺得格拉斯医生把他救了出来并送到华盛顿大学医院抢救，可是任何医疗方法都无法延续这位文学天才生命的火焰。

1849年10月7日凌晨3点，一代奇才埃德加·爱伦·坡，在心肌衰竭昏迷中与世长辞。

天才画家詹姆斯·惠斯勒

詹姆斯·惠斯勒（1834—1903 年）的全名是詹姆斯·阿博特·麦克尼尔·惠斯勒，祖籍是英国旧族爱尔兰旁支，1834 年 7 月出生在美国马萨诸塞州的洛维尔，排行第三。父亲是美国联邦军少校又是铁路工程师。母亲安娜·玛蒂塔·麦克尼尔·惠斯勒是苏格兰人，生有三子一女。由于父亲工作的流动性，家庭经常东迁西移，很不安定。1842 年，他父亲应俄国沙皇尼古拉一世之邀，赴俄修筑圣彼得堡至莫斯科的铁路。

詹姆斯·惠斯勒

詹姆斯·惠斯勒喜欢

画画，9 岁的他便进入彼得堡皇家美术学院学习四年，毕业考试获得全班第一。

因俄国发生流行病，父亲把全家安置在英国，自己只身在俄国工

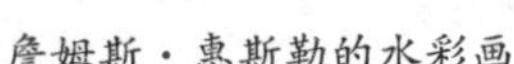

詹姆斯·惠斯勒的水彩画

作，不幸染上了病，于 1849 年死去。为父亲举行葬礼后，惠斯勒随母回到美国。他的母亲希望他走父亲的道路，在 1851 年让他考入西点军校，可是在那里他除了绘图课之外，其余功课无一长进。惠斯勒从小好强斗胜，他的聪明与放肆几乎同时并存。

《灰色和黑色改编曲——画家的母亲》

在西点军校读书期间，有位工程学教授让同学们设计一座桥。惠斯勒的设计图上是绿草如茵的河岸，一座充满浪漫色彩的小石桥，还有两个儿童在桥上垂钓。于是教授命令惠斯勒重画，给他的批示是："把那两个孩子给我从桥上撵走，这是军事桥梁！"几天后，惠斯勒交回作业。这次，钓鱼的孩子从桥上被转移到了岸边。教授气急败坏地批示道：

“我叫你把这两个孩子去掉，把他们从图上彻底删除！否则你的成绩将是不及格。”当天下午，修改过的图纸就出现在教授的办公桌上。教授一看，图中果然不见了小孩的踪影，心里正高兴，突然发现河岸边多了两个小坟头，墓碑上刻着：“永悼被独裁者谋杀的小天使——吉姆和埃娃。”

第3年期末，由于他多科学习成绩不及格而终于被学校除名。为使母亲高兴，他曾再度去华盛顿要求国防部长准许他重返西点军校，部长让他找国家地图测绘局局长，局长见这个年轻人长于绘画，便雇用了他。可是他却用艺术方法绘制地图，于是又被解职。

21岁的惠斯勒决心学画，来到巴黎入格莱尔画室，这期间他推崇委拉斯开兹，尊重安格尔，喜欢库尔贝，专靠临摹古画为生。26岁迁居伦敦，开设自己的画室从事创作活动。

1855年夏天，惠斯勒终于得到了赴巴黎学习绘画的机会，他在格莱尔的画室中学习素描和油画，并且到卢佛宫临摹古画。

惠斯勒只记得这位老师的一个观点：一切颜色都是基于黑色的。从此，他在巴黎拉丁区成为一个“自由”艺术家。他租了一间顶楼，靠临摹卢浮宫内的名画度日，常常入不敷出，只得典当衣服，吃掉脸盆架，甚至成一群“无衬衫帮”的头儿。哥哥寄来的钱总是不够他还债。

在艺术方面，这位画家非常认真地学习西班牙大师委拉士开兹的肖像画。他暗记每一笔技巧，通过对画家阿尔方斯·勒格罗与方丹·拉图尔杰作的临摹，他学会了视觉记忆的方法。在此基础上，他绘制了一批精采的名画。临摹之精细，几可乱真。他结交库尔贝，钦慕法国印象派画家的新视野。对于安格尔的古典画法也非常尊重。这一切都融汇在了他自己的艺术中。1858年夏季，他环游法国，以异国人的眼光画成了

一组铜版画《法兰西组画》，很受时人欢迎。后来，他和亨利·拉·方丹一起，参加了库尔贝领导的青年画家小组，开始与印象派画家莫奈等人交往。他的第1幅作品《钢琴旁》，立即获得库尔贝等画家的高度评价。但此画于1859年运交沙龙时，被拒展了。

1860年春，惠斯勒去英国伦敦，并在那里设立了自己的画室。此后，他的画便同音乐标题结合在一起。例如《母亲的肖像》被称为《灰与黑的协奏曲》，《白衣少女》被加上《白色交响乐》的副题等等。

自1863年起，他定居英国伦敦，并对东方艺术产生了极大的兴趣，他与邻居罗赛蒂都喜爱中国的青花瓷器和日本的彩色版画，简洁的结构、精美的线条、细腻的色调使他如痴如醉。他不仅收藏东方艺术品，还把它的艺术魅力融合到自己的作品中。

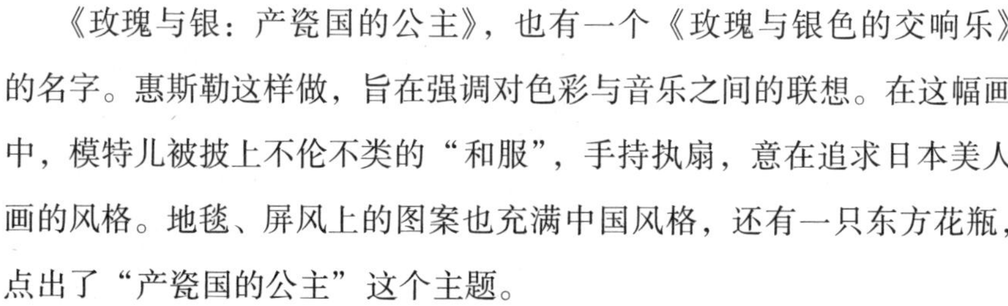

《玫瑰与银：产瓷国的公主》，也有一个《玫瑰与银色的交响乐》的名字。惠斯勒这样做，旨在强调对色彩与音乐之间的联想。在这幅画中，模特儿被披上不伦不类的“和服”，手持执扇，意在追求日本美人画的风格。地毯、屏风上的图案也充满中国风格，还有一只东方花瓶，点出了“产瓷国的公主”这个主题。

当《钢琴旁》以及其他的画送往皇家美术学院时，伦敦为之一惊，他的画终于被人买下了。两年后，他又给艺术协会送去他的第2幅代表作《白衣少女》。可是这一次被以“太怪异”为由拒绝了。随之，他又把它送到巴黎的沙龙，也遭到同样的命运。艺术思潮和他个人的境遇迫使他与库尔贝首创的“落选者沙龙”接近。《白衣少女》也在那里展出。这幅画一方面受到社会攻击；一方面又被印象派画家莫奈、德加、毕沙罗等人赞扬。有人说它“其丑无比”；有人认为它是展览厅里最重要的作品。尽管名望很高的作家左拉也出来为之辩护，但无济于事。惠

斯勒与批评界从此结下了对立的怨仇。

《白衣少女》被拒展后，惠斯勒又画了两幅以《白衣少女》为题的油画，并把它们编号为第Ⅰ、第Ⅱ、第Ⅲ号《白色交响曲》。艺术批评界红人哈默顿尖刻地指出，这第Ⅲ号《白色交响曲》上“那个头发微红的姑娘，穿一件黄色的裙衫，上面还有蓝色缎带……怎么就成了‘一首白色交响曲’！……”惠斯勒当即反唇相讥：“天哪！难道这位聪明人指望一幅白发粉脸的画吗？根据他的可笑理论，他大概相信一首F调交响曲就没有别的音符，只有FFF的不断重复？……笨蛋！”

惠斯勒油画作品

这一场争论并没有结束。惠斯勒试图在色彩上加强形象的音乐感受力，因而，他广泛采用音乐术语，如和声、交响曲、变奏曲、改编曲等等。在这些画上，形象依然是极其写实并且精制的。只是用音乐术语来点题，这在当时是新鲜的美学联想。

詹姆斯·惠斯勒是当时最具独创性、人们褒贬不一的画家之一。他拥有丰富的经历，他本人也往往成为人们谈论的话题。在保守的艺术家看来，他是一位举止不符合常规、诙谐并富有机智的异端人物，他的幽默中也带有讽刺和残酷。惠斯勒风格独特的作品似乎是有意在向别人挑衅，结果这给他带来了麻烦，惠斯勒被告到法院以致破产。与惠斯勒的这种生涯对照的是，其作品非常精致而洗练。在 19 世纪的蚀刻画领域，没有哪一位画家能够与惠斯勒并驾齐驱。此外，在题为“小夜曲”的作品群中，在犹如雾霭笼罩的色彩和弦方面，他将写实主义、象征主义以及日本的浮世绘等要素结合在一起，并使之相互融合，创造出非常新颖的风格。这种风格开辟了通往抽象艺术的道路。

惠斯勒狂放不羁的性格在年事渐高之后稍有收敛。1872 年他为利物浦的船主莱兰作家庭肖像和室内壁画，他拖延时间，迫使莱兰一再增加报酬，莱兰和画家之间的对话，由于惠斯勒的幽默机警而一时传为美谈。最后，莱兰付出了两倍的酬金才使惠斯勒完成了壁画。

1875 年他同著名评论家约翰·拉斯金的官司也是世界画史上的佳话。拉斯金和作家王尔德一起参观一个有惠斯勒作品的重要画展，对画家所作的《泰晤士河上散落的烟火：黑和金的小夜曲》一画颇为不满。这是一幅在黑色地子上洒满不规则色点的油画，拉斯金认为：“把颜料罐打翻在画布上还要观众付钱，实在是一种欺骗”。惠斯勒以侮辱名誉的罪名向伦敦白区法院控告了拉斯金，法庭判处拉斯金有罪，但只须支付 101 便士的罚款。这个幽默的玩笑，调解了两位著名文人的争吵，但惠斯勒却为支付一半的诉讼费而囊空如洗。

英国人不接受他的艺术，但法国人欢迎他，他被迫辞去英国皇家艺术家协会主席，而在法国获得骑士荣誉勋章。

19 世纪 80 年代之后，惠斯勒作为唯美主义重要代表画家受到人们的注意。他在巴黎的巴克大街购买了一座房产，往来于巴黎伦敦之间，他的艺术也逐渐为人们所接受，声望日增，在 1898 年被选为“国际雕塑家、油画家和版画家协会”第一任主席。惠斯勒的艺术在法国、意大利和德国受到称赞，获得荣誉称号，而他的祖国——美国和长期定居的英国对他的艺术，在生前始终没有认可，在死后才得到承认，美国人才引以自豪。

惠斯勒的性格怪诞孤僻，惊世骇俗，箭拨弩张；而他的艺术却给人以静谧、清新、和谐的美感，就像旋律优美的乐曲那样使人心醉神迷。